KB211092

다니엘과 같이 환경이 나쁘고 고난이 와도
끝까지 믿음을 지키고 기도하기를 바랍니다.
그래서 항상 마귀, 시험과 가난을 이기고
성공하여 하나님의 사랑이 되기를 바랍니다.

To
From
Date
Message

"너희는 이렇게 기도하라"

기도훈련집 청소년

지은이	권영구
초판 발행	2009년 8월 15일
초판 2쇄 발행	2022년 9월 5일
펴낸 곳	52출판
등록번호	제 390-2004-00006호
주소	경기도 광명시 소하로 162, 706동 604호(소하동, 휴먼시아)
전화	02) 2617-2044
FAX	02) 899-9189
홈페이지	www.52ch.kr
구입문의	02) 2617-2044, 2615-0019

ISBN 978-89-91822-37-5 43230
값 8,000원

"너희는 이렇게 기도하라"

기도훈련집

청소년

권영구 지음

52 출판사
byeongleo

머리말

한국의 청소년들은 목표를 정하고 공부하는 학생들이 적고, 목표 없이 공부하고 학교에 다니는 학생들이 많은 편이라고 합니다. 이러한 현실 속에서 우리 기독학생들은 어떨까요? 자신의 분명한 목표를 정하고 공부하고 있을까요? 아마도 다른 학생들과 비슷하리라 생각됩니다.

예수님이 가르쳐 주신 기도를 하게 되면 자신의 인생의 목표와 공부하는 목적을 깨닫게 됩니다. 그리고 일평생 후회 없는 삶을 살 수 있습니다.

청소년들이 예수님이 가르쳐 주신 기도를 배워서 방황에서 벗어나 자신의 삶을 찾고, 멋있게 살 수 있기를 바랍니다. 그리고 다니엘과 같이 환경이 나쁘고 고난이 와도 끝까지 믿음을 지키고 기도하기를 바랍니다. 그래서 세상도 이기고 마귀도 이기고 시험도 이기고 가난도 이기고 성공하여, 모든 사람으로부터 사랑과 존경을 받는 사람이 되기를 바랍니다.

이 책의 기도문대로 기도하면 틀림없이 그렇게 될 것입니다. 모두에게 하나님의 축복이 있기를 기원합니다.

2009년 8월 15일
서재에서 권영구 목사

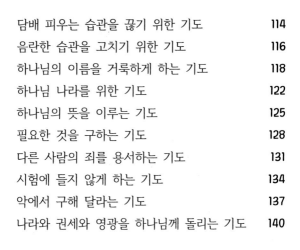

3부. 단체를 위한 기도

1부

자신을 위한 기도

1) 하나님 아버지의 이름이 나를 통해 거룩히 여김 받으시기를 원합니다. 천사들도 하나님의 이름을 거룩하다고 했고 다윗 왕도 하나님을 거룩한 분이라고 했습니다.

나도 하나님이 거룩한 분이라고 믿습니다. 내가 하나님의 이름을 거룩하게 할 일만 생각하고 행동하게 해 주십시오.

2) 하나님의 나라가 나의 마음속에 이루어지기를 원합니다. 그래서 하나님이 주신 의와 평강과 희락이 항상 있어 마귀에게 빼앗기지 않게 해 주십시오.

내가 하나님의 백성답게 하나님의 통치를 받고 하나님 나라의 법을 지키며 살게 해 주시고, 하나님 나라의 영광을 위해 일하게 해 주십시오.

3) 하나님의 뜻이 하늘에서 이루어진 것 같이 땅에서 나에게 이루어지기를 원합니다. 내가 하나님의 뜻을 알게 해 주시고, 하나님의 뜻인 순종과 사람을 살리는 것과 하나님을 증거하는 일이 나를 통하여 이루어지기를 원합니다.

4) 하나님께서 나에게 평생 동안 일용할 양식을 공급해 주시기를 원합니다. 또 살아가는 데 필요한 것들을 공급해 주시기를 원합니다.

공부하는 것도 내 힘으로 할 수가 없습니다. 지혜와 지식의 은사를 주십시오. 또 부모님을 이해하고 공경하는 마음을 주십시오. 학교생활에 잘 적응하고 선생님의 가르침을 소중하게 여기게 해 주십시오. 선하고 의로운 친구들을 사귀게 해 주시고 친구들과 좋은 관계를 맺게 해 주십시오.

내가 해야 할 일을 미루지 않고 남의 어려운 일을 도와 주는 넓은 마음도 주시고, 예수님의

사랑과 희생과 봉사도 할 줄 아는 사람이 되게
해 주십시오.

 모든 사람에게 본이 되는 신앙생활을 하며
교회에서도 예배와 헌신의 삶을 살게 해 주십
시오. 성경의 가르침대로 순종하며 살도록 도
와주시고, 매일 기도하면서 하나님의 임재와
동행을 느끼게 해 주십시오. 그리고 교회에서
맡겨진 일을 책임감 있게 하며 믿지 않는 사
람과 다르게 행동하게 해 주십시오.
5) 하나님! 다른 사람의 죄를 용서합니다. 나
에게 상처를 주고 힘들게 했던 사람을 용서합
니다. 그리고 그 사람을 축복합니다. 그 사람
이 하나님을 경외하고 구원받기를 원합니다.
6) 나도 죄인입니다. 다른 사람의 죄를 용서
해 준 것 같이 나의 죄를 용서해 주십시오.
하나님만이 죄를 사하는 권세가 있는 줄 믿습
니다.

7) 하나님! 내가 시험에 들지 않기를 원합니다. 마귀에게 시험당하지 않기를 원합니다. 부모님이나 형제, 자매에게서 시험이 없기를 원합니다. 친구들이나 이성교제로 인해 시험이 없기를 원합니다.

공부하는 것 때문에 시험이 없기를 원합니다. 학교나 교회에서 신앙생활 하면서 시험이 없기를 원합니다. 돈 때문에 시험 들지 않기를 원합니다. 컴퓨터와 영상매체를 통해 음란의 문제로 시험이 없기를 원합니다.

그 외의 여러 가지 것으로부터 시험에 들지 않도록 지켜 주십시오.

8) 하나님! 나를 악에서 구원해 주십시오. 나의 마음속에는 악이 가득합니다.

불만을 갖고 불평하는 악이 있습니다. 또 남을 미워하고 시기하고, 욕심을 부리고 인색하고 이기적이고, 정죄하고 비판하고 욕하고 저주하는 악이 있습니다. 부모님과 어른들을 공경하지 않는 악이 있습니다. 불순종의 악이 있습니다. 게으름의 악이 있습니다. 음란의 악이 있습니다. 게임 중독의 악이 있습니다.

이런 여러 가지 악에서 나를 구원해 주시고 선한 마음을 주십시오. 내가 세상의 악에 물들거나 빠지지 않도록 지켜 주십시오. 나는 연약합니다. 하나님께서 악에서 구원해 주시고 악을 이길 수 있는 힘을 공급해 주십시오.

9) 하나님의 나라와 권세와 영광이 영원히 하나님 아버지께 있사오며

10) 예수님의 이름으로 기도드립니다. 아멘

Prayer Note

◀ 기도 후 체크하세요

1	2	3	4	5	6	7	8	9	10
11	12	13	14	15	16	17	18	19	20
21	22	23	24	25	26	27	28	29	30
31	32	33	34	35	36	37	38	39	40
41	42	43	44	45	46	47	48	49	50
51	52	53	54	55	56	57	58	59	60
61	62	63	64	65	66	67	68	69	70
71	72	73	74	75	76	77	78	79	80
81	82	83	84	85	86	87	88	89	90
91	92	93	94	95	96	97	98	99	100

개인기도 2

1) 하나님 아버지의 이름이 나를 통해 거룩히 여김 받으시기를 원합니다. 그동안 내 이름을 알리려고 했던 모든 죄를 회개합니다. 이제부터 나는 십자가에 죽고 하나님의 이름을 거룩히 여기는 일을 찾아서 하기를 원합니다.

2) 하나님의 나라가 내게 이루어지기를 원합니다. 그래서 하나님의 나라가 제일 소중함을 알게 해 주십시오. 가진 것이 없어도 예수님이 제자들에게 주셨던 의와 평강과 희락이 항상 있게 해 주셔서, 세상에서 자유를 누리고 천국과 같이 살 수 있게 해 주십시오.

어떤 것으로도 마음에서 의와 평강과 희락을 빼앗기지 않게 해 주십시오. 이것이 세상의 어떤 보화보다 더 귀한 것인 줄 압니다. 세상 끝날까지 하나님의 나라가 항상 임재해 있기를 원합니다.

 하나님의 나라가 없으면 모든 것을 다 가졌어도 나의 마음은 지옥과 같습니다. 그러므로 하나님 나라를 주신 하나님께 감사를 드립니다. 이 좋은 하나님 나라를 세상 사람들에게 전파하게 해 주십시오.

3) 하나님의 뜻이 하늘에서 이루어진 것 같이 나를 통해 이루어지기를 원합니다.

 지혜, 지식, 재능, 은사, 능력, 건강 등 하나님이 나에게 주신 모든 것을 통해 하나님의 뜻이 이 땅에 이루어지기를 원합니다. 나의 마음속에 하나님의 뜻이 가득하게 해 주십시오.

 그동안 나의 욕심대로 행동한 것을 회개합니다. 앞으로는 하나님의 뜻을 이루기 위해 살겠습니다.

4) 지금까지 나에게 필요한 일용할 양식을 공

급해 주신 것을 감사드립니다. 앞으로도 계속해서 공급해 주실 것을 믿습니다.

하나님! 내가 영적인 사람이 되고 항상 하나님을 기쁘게 하는 사람이 되기를 원합니다. 지혜와 총명을 주셔서 다윗처럼 하나님을 경외하게 하시고, 언제나 하나님을 신뢰하고 의지하여 기도하는 사람이 되게 해 주십시오.

제일 먼저 하나님을 사랑하고 부모님을 사랑하게 해 주십시오. 내가 가지고 있는 물질을 하나님께 드릴 줄 알게 해 주십시오.

언제나 머리가 되게 하시고, 교회와 세상의 리더가 되어 하나님의 뜻대로 모든 것을 변화시키는 사람이 되게 해 주십시오.

남에게 주고, 섬기고, 대접하고, 사랑할 줄 아는 사람이 되게 해 주시며, 작은 것이라도 이웃을 도와 주며 살 수 있는 풍성한 마음을 주십시오.

목사님께 순종하며 섬기는 믿음을 주시고, 교회에서 열심히 충성하며 헌신하는 사람이 되어 모든 일에 솔선수범하게 해 주십시오.

부모님과 형제·자매, 또 친구들 사이에서도 온유와 오래 참음으로 신뢰를 얻는 사람이 되게 해 주십시오.

5) 하나님! 다른 사람의 죄를 용서합니다. 내게 상처를 주고 힘들게 했던 사람들을 용서합니다. 말씀에 순종해서 진심으로 용서합니다. 그리고 그 사람들을 축복합니다. 그들이 하나님을 경외하고 구원받기를 기도합니다.

지금까지는 다른 사람의 죄를 용서하지 못했습니다. 내가 옳은 줄로 착각하고 있었습니다. 하지만 내가 하나님 앞에서 더 큰 죄인이라는 것을 알게 되었습니다. 그래서 다른 사람을 용서합니다. 진심으로 용서합니다.

6) 하나님! 다른 사람의 죄를 용서해 준 것 같

이 내 죄도 용서해 주십시오.

내가 하나님의 말씀을 거역한 것이 더 많습니다. 나쁜 짓을 하고 죄를 범한 것이 더 많습니다. 내가 죄인 중에 괴수인 것을 고백합니다. 진심으로 회개합니다. 예수님의 십자가의 은혜로 사해 주십시오. 하나님만이 죄를 사하는 권세가 있는 줄 믿습니다.

7) 하나님! 내가 시험에 들지 않기를 원합니다. 학교나 집에서 신앙생활하면서 시험 들지 않기를 원합니다. 교회생활을 하면서 시험 들지 않기를 원합니다. 내가 시험에 들지 않도록 지켜 주십시오.

그동안 하나님께서 지켜 주셔서 욥과 같은 시험이 없었음을 감사드립니다. 앞으로도 마귀에게 시험을 허락하지 마시고 하나님의 특별한 사랑과 은혜로 지켜 주십시오.

지금의 건강, 교회에 출석할 수 있는 믿음,

내가 해야 하는 일, 함께 할 수 있는 가족 등 모든 것을 하나님께서 지켜 주시는 것을 알았습니다. 하나님께 감사하고 또 감사합니다. 앞으로도 계속 하나님을 경외할 것입니다. 하나님께서 지켜 주십시오.

8) 하나님! 나를 악에서 구원해 주십시오. 나의 마음속에는 악이 가득합니다. 불평, 불만, 미움, 시기, 질투, 욕심, 원망, 정죄, 비판, 욕, 저주, 거짓, 불신앙, 불충, 불성실, 불순종, 인색함, 음란, 음행, 간음, 낙심, 슬픔, 우울함, 실망, 자살, 교만, 오만, 거역, 이기심, 나태, 게으름, 무사안일, 혈기, 신경질, 자랑, 더러운 마음, 배신 등의 악이 가득합니다. 악을 가져다주는 사탄의 세력을 쫓아주십시오.

이런 악에서 나를 구원해 주셔서 선한 마음으로 인도해 주십시오. 그래서 언제나 하나님을 마음에 모시고 하나님의 나라를 이루고 선한

것만을 생각하고 선을 행하는 하나님의 사람이
되게 해 주십시오. 나를 악에서 구원하실 분은
하나님이십니다.

9) 하나님의 나라와 권세와 영광이 영원히 하
나님 아버지께 있사오며

10) 예수님의 이름으로 기도드립니다. 아멘

Prayer Note

🔊 기도 후 체크하세요

1	2	3	4	5	6	7	8	9	10
11	12	13	14	15	16	17	18	19	20
21	22	23	24	25	26	27	28	29	30
31	32	33	34	35	36	37	38	39	40
41	42	43	44	45	46	47	48	49	50
51	52	53	54	55	56	57	58	59	60
61	62	63	64	65	66	67	68	69	70
71	72	73	74	75	76	77	78	79	80
81	82	83	84	85	86	87	88	89	90
91	92	93	94	95	96	97	98	99	100

1부_자신을 위한 기도 **27**

1) 하나님 아버지의 이름이 나를 통해 거룩히 여김 받으시기 원합니다. 순간순간 하나님의 이름을 거룩히 여기지 못한 것을 회개합니다. 나는 하나님의 이름을 욕되게 한 일이 많습니다. 내가 한 말들과 행동, 그리고 마음의 생각이 하나님의 이름을 욕되게 했습니다. 내 죄를 예수님의 십자가의 은혜로 사해 주십시오.

2) 하나님의 나라가 내게 이루어지기를 원합니다. 그래서 내 심령에 의와 평강과 희락이 항상 있게 해 주십시오. 내가 하나님의 백성답게 하나님의 통치를 받고 하나님 나라의 법을 지키며 살게 해 주시고, 하나님 나라의 영광을 위해 일하게 해 주십시오. 나를 통해 하나님 나라가 사람들에게 전파되기를 원합니다.

그동안 내 심령 속에 하나님의 나라가 임한 증거가 없었습니다. 롬 14:17에 "하나님의 나라는 먹는 것과 마시는 것이 아니요 오직 성령 안에서 의와 평강과 희락이라"고 말씀하셨는데 '의와 평강과 희락'이 없었습니다. 이것보다는 눈으로 보이는 세상의 것을 더 좋아했던 것을 회개합니다. 용서해 주십시오.

이제는 성령님이 주시는 '의와 평강과 희락'을 사모하며 살게 해 주십시오. 그래서 내 마음에 천국이 이루어지게 해 주십시오.

3) 하나님의 뜻이 하늘에서 이루어진 것 같이 나에게 이루어지기를 원합니다. 나를 통하여 하나님의 뜻이 이루어지기를 원합니다.

그동안 하나님의 뜻을 생각지도 않고 내 뜻대로 살았습니다. 교회생활도 내 뜻대로 했고, 기도도 내 뜻을 이루기 위해 했습니다. 입으로는 하나님의 뜻을 이룬다고 하면서 실제로는 내 뜻대로 바쁘게 살았습니다.

하나님! 용서해 주십시오. 믿음 없이 내 욕심으로 죄를 지었습니다. 진심으로 회개합니다. 앞으로는 하나님의 뜻을 이루기 위해 살겠습니다.

4) 하나님께서 나에게 필요한 일용할 양식을 공급해 주시기를 원합니다.

일용할 양식을 구하라고 하셨는데 구하지 않은 것을 회개합니다. 게으르고 믿음 없는 행동을 했습니다. 그러면서 항상 환경에 불만을 갖고 불평하고 원망했습니다.

구약성경에 이스라엘 백성들이 광야에서 죄를 지은 것을 알면서도 또 같은 죄를 지었던 것처럼 마음과 입으로 죄를 지었으니 용서해 주십시오. 앞으로 열심히 기도하겠습니다.

5) 하나님! 다른 사람의 죄를 용서합니다. 내게 상처를 주고 힘들게 했던 사람을 용서합니다.

그리고 그 사람을 축복합니다. 그 사람이 하나님을 경외하고 복 받기를 원합니다.

지금까지는 다른 사람의 죄를 용서하지 못했습니다. 하나님의 말씀을 안다고 생각했는데 정말은 너무 무지했습니다. 내 죄를 용서받지 못하는 이유를 알게 됐습니다. 그래서 마음의 상처가 치유되지 않고 성품이 변화되지 않고, 사소한 일로 시험 들어 자주 넘어지고 생활하는 것이 더 힘들다는 것을 알았습니다.

또 내 죄가 다른 사람보다 더 크다는 것을 알았습니다. 이 시간에 진심으로 회개합니다. 내 죄를 예수님의 십자가의 은혜로 사해 주십시오.

6) 하나님! 다른 사람의 죄를 용서해 준 것 같이 내 죄를 사해 주십시오. 하나님만이 죄를 사하는 권세가 있는 줄 믿습니다. 그래서 나의 마음에 평안과 기쁨과 소망을 주십시오.

7) 하나님! 내가 시험에 들지 않기를 원합니다. 학교나 가정에서 신앙생활 하면서 시험 들지 않기를 원합니다. 교회생활에서 시험 들지 않기를 원합니다. 마귀에게 시험당하지 않기를 원합니다.

그동안 내가 잘해서 시험이 없는 것이 아니라 욥을 지키신 것처럼 하나님께서 지켜 주셨기 때문에 산다는 것을 알았습니다. 내가 교만하고 오만한 마음으로 살았던 것을 회개합니다. 앞으로도 지켜 주시기를 원합니다.

8) 하나님! 나를 악에서 구원해 주십시오. 나의 마음속에는 악이 가득합니다. 사탄이 내 마음속에 악을 넣었습니다.

거짓말하고 성실하지 못하고 불순종하고 거역하고 나태하고 게으른 악이 있습니다. 교만하고 자랑하는 악도 있습니다. 또 화를 내고 신경질 부리는 악도 있습니다. 음란한 마음도 있습니다. 낙심해서 우울하거나 자살하고 싶어지는 악도 있습니다.

 이런 악에서 나를 구원해 주셔서 선한 마음으로 인도해 주십시오. 나는 연약합니다. 하나님께서 악을 이길 수 있는 힘을 공급해 주십시오.

9) 하나님의 나라와 권세와 영광이 영원히 하나님 아버지께 있사오며

10) 예수님의 이름으로 기도드립니다. 아멘

Prayer Note

_____

_____

_____

🔊 기도 후 체크하세요

1	2	3	4	5	6	7	8	9	10
11	12	13	14	15	16	17	18	19	20
21	22	23	24	25	26	27	28	29	30
31	32	33	34	35	36	37	38	39	40
41	42	43	44	45	46	47	48	49	50
51	52	53	54	55	56	57	58	59	60
61	62	63	64	65	66	67	68	69	70
71	72	73	74	75	76	77	78	79	80
81	82	83	84	85	86	87	88	89	90
91	92	93	94	95	96	97	98	99	100

회개기도 2

1) 하나님 아버지의 이름이 나를 통하여 거룩히 여김 받으시기를 원합니다.

2) 하나님의 나라가 내게 이루어지기를 원합니다.

3) 하나님의 뜻이 하늘에서 이루어진 것 같이 땅에서 나에게 이루어지기를 원합니다.

6) 하나님! 다른 사람의 죄를 용서해 준 것 같이 나의 죄를 사해 주십시오.

 나의 죄를 고백합니다. (죄 목록   ) 한 죄를 고백합니다. 예수님의 십자가의 보혈로 용서해 주십시오.

 내가 정말 큰 죄를 범했습니다. 다음부터는 같은 죄를 짓지 않겠습니다. 나를 불쌍히 여기시고 긍휼히 여기셔서 용서해 주십시오. 하나님만이 죄를 사하는 권세가 있는 줄 믿습니다.

9) 하나님의 나라와 권세와 영광이 영원히 하나님 아버지께 있사오며

10) 예수님의 이름으로 기도드립니다. 아멘

기도 후 체크하세요

1	2	3	4	5	6	7	8	9	10
11	12	13	14	15	16	17	18	19	20
21	22	23	24	25	26	27	28	29	30
31	32	33	34	35	36	37	38	39	40
41	42	43	44	45	46	47	48	49	50
51	52	53	54	55	56	57	58	59	60
61	62	63	64	65	66	67	68	69	70
71	72	73	74	75	76	77	78	79	80
81	82	83	84	85	86	87	88	89	90
91	92	93	94	95	96	97	98	99	100

기도가 잘 되지 않을 때 하는 기도

1) 하나님 아버지의 이름이 나를 통하여 거룩히 여김 받으시기를 원합니다.

2) 하나님의 나라가 나에게 이루어지기를 원합니다. 나의 심령에 의와 평강과 희락이 항상 있게 해 주십시오.

3) 하나님의 뜻이 하늘에서 이루어진 것 같이 나를 통해 이루어지기를 원합니다.

4) 하나님! 기도의 말문이 막혀 기도하지 못하는 나의 입술을 열어 주십시오.

공부하기 바쁘다는 핑계로, 이것저것 다른 것에 시간을 빼앗겨서, 여러 가지 다른 변명을 하며 하나님과의 대화시간을 소홀히 하였습니다. 우선순위를 잊어버리고 영적인 호흡인 기도를 멈추어서 사탄이 틈을 타 내 영이 목마르고 있습니다.

나를 불쌍히 여겨 주십시오. 늘 깨어 기도하라고 하셨는데 게으름과 유혹을 이기지 못하는 나의 약함을 도와 주십시오.

5) 하나님! 다른 사람의 죄를 용서합니다. 나에게 상처를 주고 힘들게 했던 사람을 용서합니다. 그 사람을 축복합니다.

6) 다른 사람의 죄를 용서해 준 것 같이 나의 죄를 용서해 주십시오. 기도의 중요성을 알면서도 게을러서 기도하지 못하고, 하나님께서 기도하라고 하신 말씀을 소홀히 한 죄를 용서해 주십시오.

하나님만이 죄를 사하는 권세가 있는 줄 믿습니다.

7) 하나님! 내가 시험에 들지 않기를 원합니다. 사단의 시험에 버려두지 마시기를 기도합니다.

8) 나를 악에서 구원해 주십시오. 기도하지 않은 악, 말씀대로 살지 못한 악에서 구원해

주십시오. 또한 세상의 여러 가지 악에 물들지 않도록 지켜 주셔서 선한 마음으로 인도해 주십시오.

9) 하나님의 나라와 권세와 영광이 하나님 아버지께 영원히 있사오며

10) 예수님의 이름으로 기도드립니다. 아멘

Prayer Note

_____

_____

_____

_____

◀ 기도 후 체크하세요

1	2	3	4	5	6	7	8	9	10
11	12	13	14	15	16	17	18	19	20
21	22	23	24	25	26	27	28	29	30
31	32	33	34	35	36	37	38	39	40
41	42	43	44	45	46	47	48	49	50
51	52	53	54	55	56	57	58	59	60
61	62	63	64	65	66	67	68	69	70
71	72	73	74	75	76	77	78	79	80
81	82	83	84	85	86	87	88	89	90
91	92	93	94	95	96	97	98	99	100

영적인 힘을 얻기 위한 기도

1) 전능하신 하나님! 아버지의 이름이 나를 통하여 거룩히 여김 받으시기를 원합니다.

2) 하나님의 나라가 나에게 이루어지기를 원합니다. 나의 심령에 의와 평강과 희락이 항상 있게 해 주십시오.

3) 하나님의 뜻이 하늘에서 이루어진 것 같이 나를 통하여 이루어지기를 원합니다.

4) 하나님! 이 시간에 내 마음속에 들어오셔서 나의 하나님이 되어 주시고, 나의 죄를 용서하시며 영생의 길로, 복된 길로 인도하여 주십시오.

　하나님은 나의 하나님이십니다.

　하나님은 나의 전능자이십니다.

　하나님은 나의 창조주이십니다.

　하나님은 나의 구원자이십니다.

하나님은 나의 치료자이십니다.

하나님은 나의 생명이십니다.

하나님은 나의 소망이십니다.

하나님은 나의 평안이십니다.

하나님은 나의 능력이십니다.

하나님은 나의 축복이십니다.

하나님은 나의 반석이시며, 산성이십니다.

나의 힘이 되신 하나님을 사랑합니다. 나의 평생에 주의 인자하심과 성실하심 속에 거하게 해 주십시오.

5) 하나님! 다른 사람의 죄를 용서합니다. 나에게 아픔과 상처를 주어 분노와 혈기를 일으키고 미움을 갖게 했던 사람을 용서합니다. 그 사람을 축복합니다.

말과 행동으로 분노와 혈기를 일으킨 악한 영을 예수님의 이름으로 결박하사 그 사람의 생활 속에서 물리쳐 주시고, 그 사람의 행동과 입술의 열매가 아름답게 맺히도록 축복해 주십시오.

6) 다른 사람의 죄를 용서해 준 것 같이 내가 부린 혈기와 분노와 미움의 죄를 용서해 주십시오. 하나님만이 죄를 사하는 권세가 있는 줄 믿습니다.

7) 하나님! 말과 행동으로 시험에 들지 않도록 내 마음을 지켜 주시기를 원합니다. 사탄의 시험에 버려두지 마시기를 기도합니다.

8) 나의 마음속에 있는 용서하지 못하는 악과 분노와 미움과 혈기의 악에서 구원해 주십시오. 나는 연약하오니 하나님께서 악에 빠지지 않게 지켜 주십시오.

9) 하나님의 나라와 권세와 영광이 하나님 아버지께 영원히 있사오며

10) 예수님의 이름으로 기도드립니다. 아멘

Prayer Note

🔊 기도 후 체크하세요

1	2	3	4	5	6	7	8	9	10
11	12	13	14	15	16	17	18	19	20
21	22	23	24	25	26	27	28	29	30
31	32	33	34	35	36	37	38	39	40
41	42	43	44	45	46	47	48	49	50
51	52	53	54	55	56	57	58	59	60
61	62	63	64	65	66	67	68	69	70
71	72	73	74	75	76	77	78	79	80
81	82	83	84	85	86	87	88	89	90
91	92	93	94	95	96	97	98	99	100

시험이 있을 때 하는 기도

1) 하나님 아버지의 이름이 나를 통해 거룩히 여김 받으시기를 원합니다.

2) 하나님의 나라가 나에게 이루어지기를 원합니다. 나의 심령에 의와 평강과 희락이 있어서 항상 기뻐하게 해 주십시오.

3) 하나님의 뜻이 하늘에서 이루어진 것 같이 나를 통해 이루어지기를 원합니다.

4) 하나님! 나의 기도를 방해하고 믿음을 훼방하고 하나님을 찾지 못하게 하며 예배하지 못하게 하고 말씀을 듣지도, 읽지도, 깨닫지도 못하게 하여 시험에 들게 하는 악한 영들을 물리쳐 주십시오. 가정과 학교와 나의 삶 속에서 떠나게 해 주십시오.

나에게 시험이 올 때 넘어지지 않게 해 주시고, 시험을 통해 연단되어 하나님께 인정받는 믿음이 되게 해 주십시오.

 시험을 가져오는 모든 악한 영들은 예수님의 이름으로 결박되어 내 영혼과 마음과 육체에서 떠나게 해 주십시오. 시험과 악을 통해 짓게 되는 죄와 저주의 길을 떠나 축복의 길이 열리게 해 주십시오.

5) 하나님! 다른 사람의 죄를 용서합니다. 나에게 상처를 주고 힘들게 했던 사람을 용서합니다. 그 사람을 축복합니다. 그 사람이 시험을 받을 때 이기는 사람이 되게 해 주십시오.

6) 다른 사람의 죄를 용서해 준 것 같이 나의 죄를 용서해 주십시오. 하나님만이 죄를 사하는 권세가 있는 줄 믿습니다.

7) 시험에 들지 않도록 사탄의 시험에 버려두지 마시기를 기도합니다.

8) 하나님! 나를 악에서 구원해 주십시오. 말로 상처 주는 악, 짜증내는 악, 기분에 따라 신앙

생활 하는 악 등 나의 마음속에 있는 여러 가지 악에서 구원해 주셔서 죄를 짓지 않도록 선한 마음으로 인도해 주십시오. 또한 세상의 수많은 악에 물들지 않도록 지켜 주십시오.

9) 하나님의 나라와 권세와 영광이 하나님 아버지께 영원히 있사오며

10) 예수님의 이름으로 기도드립니다. 아멘

Prayer Note

기도 후 체크하세요

1	2	3	4	5	6	7	8	9	10
11	12	13	14	15	16	17	18	19	20
21	22	23	24	25	26	27	28	29	30
31	32	33	34	35	36	37	38	39	40
41	42	43	44	45	46	47	48	49	50
51	52	53	54	55	56	57	58	59	60
61	62	63	64	65	66	67	68	69	70
71	72	73	74	75	76	77	78	79	80
81	82	83	84	85	86	87	88	89	90
91	92	93	94	95	96	97	98	99	100

생활에 지칠 때 하는 기도

1) 하나님 아버지의 이름이 나를 통하여 거룩히 여김 받으시기를 원합니다.

2) 하나님의 나라가 나에게 이루어져서 나의 심령에 의와 평강과 희락이 항상 있게 해 주십시오.

3) 하나님의 뜻이 하늘에서 이루어진 것 같이 나를 통해 이루어지기를 원합니다.

4) 나에게 필요한 것을 아시는 주님, 나의 고민과 짐들을 주님 앞에 내려놓기 원합니다. 나는 아직 어른은 아니지만 감당해야 할 것들이 있습니다. 그것이 나를 힘들게 하고 지치게 합니다. 나의 마음이 걱정과 염려로 혼란스럽고 힘이 듭니다.

 나의 약함을 도와 주십시오. 주안에서 새 힘을 얻게 해 주시고 생활에 짓눌리지 않게 해 주십시오. 나의 힘으로 해결할 수 없는 문제들을 가지고 고민하는 어리석은 사람이 되지 않게 해 주십시오.

내가 여러 가지 문제들에 끌려다니지 않도록 주님이 주시는 평안을 주십시오. 나보다 더 어려운 환경에 있는 사람들이 있다는 것을 압니다. 힘들어도 주님을 의지하여 감사하며 살아가는 믿음의 사람들을 통해 배우게 해 주십시오.

내일 일을 염려하지 말라고 하신 주님의 말씀을 믿습니다. 눈앞에 있는 것만 보는 것이 아니라 내가 생각하지 못하는 더 좋은 것을 준비하시는 주님의 뜻을 깨닫는 사람이 되게 해 주십시오.

5) 하나님! 다른 사람의 죄를 용서합니다. 나의 생활 가운데서 나에게 상처를 주고 힘들게 했던 사람을 용서합니다. 그 사람을 축복합니다.

그 사람과 좋은 관계를 맺어 서로에게 힘을 주는 사람들이 되게 해 주십시오.

6) 다른 사람의 죄를 용서해 준 것 같이 나의 죄를 용서해 주십시오. 하나님만이 죄를 사하는 권세가 있는 줄 믿습니다.

7) 내가 시험에 들지 않기를 원합니다. 내 생활 가운데서 사탄의 시험에 버려두지 마시기를 기도합니다.

8) 나를 악에서 구원해 주십시오. 짜증내는 악, 불만을 갖고 불평하고 원망하는 악에서 구원해 주셔서 선한 마음으로 인도해 주십시오. 또한 세상의 수많은 악에 물들지 않도록 지켜 주십시오.

9) 하나님의 나라와 권세와 영광이 하나님 아버지께 영원히 있사오며

10) 예수님의 이름으로 기도드립니다. 아멘

Prayer Note

....

....

....

기도 후 체크하세요

1	2	3	4	5	6	7	8	9	10
11	12	13	14	15	16	17	18	19	20
21	22	23	24	25	26	27	28	29	30
31	32	33	34	35	36	37	38	39	40
41	42	43	44	45	46	47	48	49	50
51	52	53	54	55	56	57	58	59	60
61	62	63	64	65	66	67	68	69	70
71	72	73	74	75	76	77	78	79	80
81	82	83	84	85	86	87	88	89	90
91	92	93	94	95	96	97	98	99	100

감사할 때 하는 기도

1) 하나님 아버지의 이름이 나를 통하여 거룩히 여김 받으시기를 원합니다.

2) 하나님의 나라가 나에게 이루어지기를 원합니다. 나의 심령에 의와 평강과 희락이 항상 있게 해 주십시오.

3) 하나님의 뜻이 하늘에서 이루어진 것 같이 나를 통해 이루어지기를 원합니다.

4) 하나님! 나의 모든 것을 통해서 하나님께 감사하는 생활이 되게 해 주십시오.

 필요한 양식과 물질을 주셔서 감사하고, 건강하게 해 주셔서 감사합니다. 가족을 주신 것도 감사하고, 부모님이 계셔서 마음껏 공부할 수 있는 것도 감사합니다.

 쉴 수 있는 집이 있게 해 주셔서 감사하고, 또 하늘나라에 소망을 갖게 해 주셔서 감사합니다.

마음껏 찬양하고 기도하며 예배드릴 수 있는 환경을 주셔서 감사하고, 함께 신앙생활 할 수 있는 친구들이 있게 해 주셔서 감사합니다.

나에게 피해를 주었던 사람들을 통해서 나의 모습을 돌아보고 회개하게 해 주시는 것도 감사합니다.

내가 어디를 가든지 어떤 일을 하든지 하나님이 주신 것 이상을 욕심 부리지 않고 항상 감사하게 해 주십시오. 어려움이 있거나 몸이 아플 때에라도 감사할 것을 찾을 수 있는 사람이 되게 해 주시고, 늘 감사가 내 입에서 떠나지 않게 해 주십시오.

5) 하나님! 다른 사람의 죄를 용서합니다. 나에게 상처를 주고 힘들게 했던 사람을 용서합니다. 그 사람을 축복합니다.

6) 다른 사람의 죄를 용서해 준 것 같이 나의

죄를 용서해 주십시오. 하나님만이 죄를 사하는 권세가 있는 줄 믿습니다.

7) 하나님! 내가 시험에 들지 않기를 원합니다. 하나님의 뜻을 알지 못하고 불평, 불만을 하는 어리석은 사람이 되지 않게 해 주십시오.

8) 하나님! 나를 악에서 구원해 주십시오. 나의 마음속에 있는 불평, 불만의 악에서 구원해 주셔서 감사하는 마음으로 넘치게 해 주십시오. 또한 세상의 수많은 악에 물들지 않도록 지켜 주십시오.

9) 하나님의 나라와 권세와 영광이 하나님 아버지께 영원히 있사오며

10) 예수님의 이름으로 기도드립니다. 아멘

Prayer Note

◀ 기도 후 체크하세요

1	2	3	4	5	6	7	8	9	10
11	12	13	14	15	16	17	18	19	20
21	22	23	24	25	26	27	28	29	30
31	32	33	34	35	36	37	38	39	40
41	42	43	44	45	46	47	48	49	50
51	52	53	54	55	56	57	58	59	60
61	62	63	64	65	66	67	68	69	70
71	72	73	74	75	76	77	78	79	80
81	82	83	84	85	86	87	88	89	90
91	92	93	94	95	96	97	98	99	100

1) 하나님 아버지의 이름이 나를 통하여 거룩히 여김 받으시기를 원합니다.

2) 하나님의 나라가 나에게 이루어지기를 원합니다. 나의 심령에 의와 평강과 희락이 항상 있게 해 주십시오.

3) 하나님의 뜻이 하늘에서 이루어진 것 같이 나를 통하여 이루어지기를 원합니다.

4) 생명을 주신 하나님, 내 몸을 잘 관리하지 못해서 아픈 가운데 있습니다. 혹 죄 때문에 병이 온 것이라면 깨닫게 해 주시고 내 몸의 아픈 곳을 치료해 주십시오. 내가 아파서 가족들이 너무 힘들어 하지 않도록 해 주시고, 짜증을 부리거나 불평을 하지 않도록 해 주십시오. 또한 몸이 아픔으로 인해 영적인 침체를 가져오지 않게 해 주십시오.

이후로는 더 부지런하여 내 몸을 지혜롭게 관리해서 병에서 자유할 수 있도록 지켜 주십시오. 모든 연약한 자를 치유하신 주님의 손길이 나에게도 임하길 기도합니다.

5) 하나님! 다른 사람의 죄를 용서합니다. 나에게 상처를 주고 힘들게 했던 사람을 용서합니다. 그리고 그 사람을 축복합니다. 그 사람이 하나님을 경외하고 복 받기를 원합니다.

6) 하나님! 다른 사람의 죄를 용서해 준 것 같이 나의 죄를 사하여 주십시오. 하나님만이 죄를 사하는 권세가 있는 줄 믿습니다.

7) 하나님! 내가 시험에 들지 않도록 사탄으로부터 지켜 주시기를 원합니다. 육신의 약함을 이용해 사탄이 틈타지 못하도록 지켜 주십시오.

8) 하나님! 나의 마음속에 있는 여러 가지 악에서 구원하셔서 선한 마음으로 인도해 주십

시오. 또한 세상의 악에 물들지 않도록 지켜
주십시오. 저는 연약하니 하나님께서 악을 이
길 수 있는 힘을 공급해 주십시오. 악에 빠지
지 않게 해 주십시오.

9) 하나님의 나라와 권세와 영광이 영원히 하
나님 아버지께 있사오며

10) 예수님의 이름으로 기도드립니다. 아멘

Prayer Note

기도 후 체크하세요

1	2	3	4	5	6	7	8	9	10
11	12	13	14	15	16	17	18	19	20
21	22	23	24	25	26	27	28	29	30
31	32	33	34	35	36	37	38	39	40
41	42	43	44	45	46	47	48	49	50
51	52	53	54	55	56	57	58	59	60
61	62	63	64	65	66	67	68	69	70
71	72	73	74	75	76	77	78	79	80
81	82	83	84	85	86	87	88	89	90
91	92	93	94	95	96	97	98	99	100

물질로 어려움이 있을 때 하는 기도

1) 하나님 아버지의 이름이 나를 통하여 거룩히 여김 받으시기를 원합니다.

2) 하나님 나라가 나에게 이루어지기를 원합니다. 나의 심령에 의와 평강과 희락이 항상 있게 해 주십시오.

3) 하나님의 뜻이 하늘에서 이루어진 것 같이 나를 통해 이루어지기를 원합니다.

4) 우리에게 일용할 양식을 주시는 주님, 지금 우리 가정에 물질의 어려움이 있습니다. 내가 혹시라도 물질의 궁핍함으로 낙심하거나 부모님과 하나님께 불평하는 마음이 생기지 않도록 지켜 주십시오. 또 내가 부끄러움을 갖지 않도록 해 주십시오. 경멸이나 불신, 열등감을 갖지 않게 해 주십시오.

모든 것이 하나님의 것임을 믿습니다. 부모

님이 이 어려움을 잘 벗어날 수 있게 도와 주십시오. 물질로 인해 우리 가정이 흔들리는 일이 없게 지켜 주십시오.

물질이 풍성할 때나 지금처럼 어려울 때도 하나님보다 우선시되는 일이 없도록 지켜 주십시오.

5) 하나님! 다른 사람의 죄를 용서합니다. 물질의 어려움으로 고민하는 나의 마음에 상처를 주고 서운하게 했던 사람을 용서합니다. 그리고 축복합니다. 그 사람이 하나님을 경외하고 우리와 같은 어려움을 겪는 일이 생기지 않기를 원합니다.

6) 하나님! 다른 사람의 죄를 용서해 준 것 같이 나의 죄를 사하여 주십시오. 하나님만이 죄를 사하는 권세가 있는 줄 믿습니다.

7) 하나님! 내가 시험에 들지 않도록 해 주십시오. 물질의 어려움을 이용하는 사탄으로부터

지켜 주십시오.

8) 나의 마음속에 있는 물질의 욕심으로 인한 여러 가지 악에서 구원해 주십시오. 세상의 악에 물들지 않도록 지켜 주십시오. 나는 연약하오니 하나님께서 악을 이길 수 있는 힘을 공급해 주십시오. 악에 빠지지 않게 해 주십시오.

9) 하나님의 나라와 권세와 영광이 영원히 하나님 아버지께 있사오며

10) 예수님의 이름으로 기도드립니다. 아멘

Prayer Note

◀|| 기도 후 체크하세요

1	2	3	4	5	6	7	8	9	10
11	12	13	14	15	16	17	18	19	20
21	22	23	24	25	26	27	28	29	30
31	32	33	34	35	36	37	38	39	40
41	42	43	44	45	46	47	48	49	50
51	52	53	54	55	56	57	58	59	60
61	62	63	64	65	66	67	68	69	70
71	72	73	74	75	76	77	78	79	80
81	82	83	84	85	86	87	88	89	90
91	92	93	94	95	96	97	98	99	100

1) 하나님 아버지의 이름이 나를 통하여 거룩히 여김 받으시기를 원합니다.
2) 하나님 나라가 오늘 하루도 나에게 이루어져서 나의 심령에 의와 평강과 희락이 항상 있게 해 주십시오.
3) 하나님의 뜻이 하늘에서 이루어진 것 같이 오늘 하루도 나의 생활 속에서 이루어지기를 원합니다.
4) 오늘도 새로운 하루를 주셔서 감사드립니다. 내 생활 속에서 기쁨과 감사함으로 살게 해 주십시오.

 가정에서 학교에서 오늘 나에게 주신 시간을 보람되게 보낼 수 있도록 인도해 주십시오. 내가 해야 할 일들을 지혜롭게 성실히 하게 해 주십시오.

오늘 하루 동안 내 입술에서 나오는 말이 다른 사람을 비판하고 저주하는 말이 아니라 축복의 말이 되게 해 주십시오.

내 주변의 믿지 않는 친구들이나 사람들이 나를 통해 구원받게 해 주십시오.

5) 하나님! 다른 사람의 죄를 용서합니다. 나에게 상처를 주고 힘들게 했던 사람을 용서합니다. 그리고 그 사람을 축복합니다. 그 사람이 하나님을 경외하고 복 받기를 원합니다.

6) 하나님! 다른 사람의 죄를 용서해 준 것 같이 나의 죄를 사해 주십시오. 하나님만이 죄를 사하는 권세가 있는 줄 믿습니다.

7) 하나님! 오늘도 내가 시험에 들지 않기를 원합니다. 마귀에게 시험당하지 않기를 원합니다. 학교에서, 가정에서, 신앙생활 하면서 시험에 들지 않도록 지켜 주십시오.

8) 오늘 하루도 나를 악에서 구원해 주십시오.

나의 마음속에 있는 여러 가지 악에서 구원하셔서 선한 마음으로 인도해 주십시오. 또한 세상의 악에 물들지 않도록 지켜 주십시오.

　나는 연약하오니 하나님께서 악을 이길 수 있는 힘을 공급해 주십시오.

9) 하나님의 나라와 권세와 영광이 영원히 하나님 아버지께 있사오며

10) 예수님의 이름으로 기도드립니다. 아멘

Prayer Note

🔊 기도 후 체크하세요

1	2	3	4	5	6	7	8	9	10
11	12	13	14	15	16	17	18	19	20
21	22	23	24	25	26	27	28	29	30
31	32	33	34	35	36	37	38	39	40
41	42	43	44	45	46	47	48	49	50
51	52	53	54	55	56	57	58	59	60
61	62	63	64	65	66	67	68	69	70
71	72	73	74	75	76	77	78	79	80
81	82	83	84	85	86	87	88	89	90
91	92	93	94	95	96	97	98	99	100

하루를 마감하며 하는 기도

1) 하나님 아버지의 이름이 나를 통하여 거룩히 여김 받으시기를 원합니다. 나의 모든 말과 모습과 행동을 통해 하나님의 이름이 거룩히 여김 받으시기를 원합니다.

2) 하나님의 나라가 나에게 이루어지기를 원합니다. 나의 심령에 의와 평강과 희락이 항상 있게 해 주십시오.

3) 하나님의 뜻이 하늘에서 이루어진 것 같이 나를 통해 이루어지기를 원합니다.

4) 오늘 하루도 아무런 사고 없이 지켜 주시고 집으로 돌아오게 해 주셔서 감사드립니다. 오늘밤 평안히 잠드는 시간을 통해 지친 나의 몸과 마음이 회복되게 해 주십시오. 내가 잠들어 있는 순간에도 천군 천사가 지키게 해 주십시오.

5) 하나님! 다른 사람의 죄를 용서합니다. 오늘 나에게 말로 상처를 주고 힘들게 했던 사람을 용서합니다. 그리고 그 사람을 축복합니다. 그 사람이 하나님을 경외하고 복 받기를 원합니다.

6) 하나님! 다른 사람의 죄를 용서해 준 것 같이 나의 죄도 사해 주십시오.

 나도 알게 모르게 다른 사람에게 아무렇지 않게 상처 주는 일들을 했습니다. 용서해 주십시오. 하나님만이 죄를 사하는 권세가 있는 줄 믿습니다.

7) 하나님! 내가 시험에 들지 않도록 인도해 주시고 이 밤에도 사탄으로부터 지켜 주시기를 원합니다.

8) 나의 마음속에 있는 여러 가지 악에서 구원해 주셔서 마음을 정결하게 해 주시고 꿈에서라도 악에 빠지지 않게 해 주십시오.

9) 하나님의 나라와 권세와 영광이 영원히 하나님 아버지께 있사오며

10) 예수님의 이름으로 기도드립니다. 아멘

Prayer Note

기도 후 체크하세요

1	2	3	4	5	6	7	8	9	10
11	12	13	14	15	16	17	18	19	20
21	22	23	24	25	26	27	28	29	30
31	32	33	34	35	36	37	38	39	40
41	42	43	44	45	46	47	48	49	50
51	52	53	54	55	56	57	58	59	60
61	62	63	64	65	66	67	68	69	70
71	72	73	74	75	76	77	78	79	80
81	82	83	84	85	86	87	88	89	90
91	92	93	94	95	96	97	98	99	100

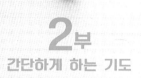

2부
간단하게 하는 기도

아침에 일어나서 하는 기도

1) 하나님 아버지! 나를 통하여 하나님의 이름이 거룩히 여김 받으시기를 원합니다.

2) 오늘도 내 마음에 항상 하나님 나라가 임재해 있기를 원합니다. 내 마음에서 하나님 나라의 의와 평강과 기쁨을 세상 일로 빼앗기지 않게 해 주십시오. 또 나를 통치하시며 영생과 복된 길로 인도해 주십시오.

3) 오늘도 나의 뜻은 내려놓고 하나님의 뜻을 생각하고 이루어 드리는 하루가 되게 해 주십시오.

4) 오늘 나와 동행해 주셔서 세상의 여러 가지 위험과 사고로부터 지켜 주시고, 죄의 유혹과 시험에서 지켜 주십시오.

 그리고 지혜와 지식의 은사를 주셔서 내가 해야 할 본분인 공부와 다른 모든 일을 지혜롭게 잘하게 해 주십시오.

9) 나라와 권세와 영광이 영원히 하나님께만 있습니다.

10) 예수님의 이름으로 기도드립니다. 아멘

Prayer Note

🔔 기도 후 체크하세요

1	2	3	4	5	6	7	8	9	10
11	12	13	14	15	16	17	18	19	20
21	22	23	24	25	26	27	28	29	30
31	32	33	34	35	36	37	38	39	40
41	42	43	44	45	46	47	48	49	50
51	52	53	54	55	56	57	58	59	60
61	62	63	64	65	66	67	68	69	70
71	72	73	74	75	76	77	78	79	80
81	82	83	84	85	86	87	88	89	90
91	92	93	94	95	96	97	98	99	100

잠들기 전에 하는 기도

1) 하나님 아버지! 하나님의 이름이 나를 통하여 거룩히 여김 받으시기를 원합니다.

2) 하나님! 오늘 하루도 내 마음에 하나님 나라를 지켜 주셔서 감사합니다. 하나님 나라를 소유함으로써 힘든 일들을 이길 수 있었습니다. 내가 마귀의 백성이 아니라 하나님의 백성 된 것을 감사드립니다.

3) 오늘 하나님의 뜻을 생각하며 나의 욕심과 생각을 내려놓고 하루를 살게 되어 행복했습니다. 하나님의 뜻을 깨닫고 그 뜻을 이루어 드리려는 마음을 가진 것이 감사했습니다.

4) 또 하루 동안 여러 가지 위험과 사고와 죄의 유혹과 시험으로부터 지켜 주셔서 감사드립니다.

하나님은 나의 구원자이시며 나의 힘이십니다.

하나님은 나의 보호자이시며 나의 왕이십니다.
하나님은 나의 생명이시며 치료자이십니다.
모든 은혜에 감사를 드립니다.

오늘 잠들었을 때 악몽을 꾸지 않도록 천사를
보내 지켜 주십시오. 하나님! 사랑합니다.

9) 나라와 권세와 영광이 영원히 하나님께만
있습니다.

10) 예수님의 이름으로 기도드립니다. 아멘

Prayer Note

기도 후 체크하세요

1	2	3	4	5	6	7	8	9	10
11	12	13	14	15	16	17	18	19	20
21	22	23	24	25	26	27	28	29	30
31	32	33	34	35	36	37	38	39	40
41	42	43	44	45	46	47	48	49	50
51	52	53	54	55	56	57	58	59	60
61	62	63	64	65	66	67	68	69	70
71	72	73	74	75	76	77	78	79	80
81	82	83	84	85	86	87	88	89	90
91	92	93	94	95	96	97	98	99	100

식사기도

1) 하나님 아버지의 이름이 거룩히 여김 받으시기를 원합니다.

4) 오늘도 좋은 음식을 주신 것을 감사드립니다. 이 음식을 먹고 몸이 건강하게 해 주십시오. 내 믿음이 더 자라게 하시고, 날마다 하나님의 은혜로 살게 해 주십시오.

10) 예수님의 이름으로 기도드립니다. 아멘

Prayer Note

📢 기도 후 체크하세요

1	2	3	4	5	6	7	8	9	10
11	12	13	14	15	16	17	18	19	20
21	22	23	24	25	26	27	28	29	30
31	32	33	34	35	36	37	38	39	40
41	42	43	44	45	46	47	48	49	50
51	52	53	54	55	56	57	58	59	60
61	62	63	64	65	66	67	68	69	70
71	72	73	74	75	76	77	78	79	80
81	82	83	84	85	86	87	88	89	90
91	92	93	94	95	96	97	98	99	100

공부가 안 될 때 하는 기도

1) 하나님 아버지의 이름이 나를 통하여 거룩히 여김 받으시기를 원합니다.

2) 하나님의 나라가 내게 이루어지기를 원합니다.

3) 하나님의 뜻이 하늘에서 이루어진 것 같이 땅에서 나에게 이루어지기를 원합니다.

4) 하나님! 나는 공부하는 것이 좋은데 내 능력이 부족합니다. 책 내용이 머릿속에 잘 들어오질 않습니다.

공부를 하려면 집중력도 있어야 하고 사고력, 추리력, 탐구력, 응용력 등이 있어야 하는데 많이 부족합니다. 주어진 시간을 잘 관리하는 능력도 부족합니다.

나에게 솔로몬과 같은 지혜와 지식의 은사를 허락해 주십시오. 책을 읽거나 배울 때 이해가

잘 되고 머릿속에 저장도 잘 되게 도와 주십
시오. 하나님, 사랑합니다.

9) 하나님의 나라와 권세와 영광이 영원히 하
나님 아버지께 있사오며

10) 예수님의 이름으로 기도드립니다. 아멘

Prayer Note

기도 후 체크하세요

1	2	3	4	5	6	7	8	9	10
11	12	13	14	15	16	17	18	19	20
21	22	23	24	25	26	27	28	29	30
31	32	33	34	35	36	37	38	39	40
41	42	43	44	45	46	47	48	49	50
51	52	53	54	55	56	57	58	59	60
61	62	63	64	65	66	67	68	69	70
71	72	73	74	75	76	77	78	79	80
81	82	83	84	85	86	87	88	89	90
91	92	93	94	95	96	97	98	99	100

공부를 잘하게 해 달라는 기도

1) 하나님 아버지의 이름이 나를 통하여 거룩히 여김 받으시기를 원합니다.

2) 하나님의 나라가 내게 이루어지기를 원합니다.

3) 하나님의 뜻이 하늘에서 이루어진 것 같이 땅에서 나에게 이루어지기를 원합니다.

4) 하나님! 나도 공부를 잘해 보고 싶습니다. 공부하는 것을 싫어하지 않고 즐겁고 행복하게 해 주십시오. 나도 공부를 잘해서 하나님께 영광을 돌리고 부모님을 기쁘게 해 드리고 싶습니다.

 나에게 지혜와 지식의 은사를 주시고 좋은 기억력을 주셔서 한 번 읽은 것은 오랫동안 기억되게 해 주십시오. 그리고 총명함과 명철함을 주셔서 모든 일에 정직하고 올바른 판단을

내려 바른 사람이 되게 해 주십시오. 하나님,
사랑합니다.
9) 하나님의 나라와 권세와 영광이 영원히 하
나님 아버지께 있사오며
10) 예수님의 이름으로 기도드립니다. 아멘

Prayer Note

🔊 기도 후 체크하세요

1	2	3	4	5	6	7	8	9	10
11	12	13	14	15	16	17	18	19	20
21	22	23	24	25	26	27	28	29	30
31	32	33	34	35	36	37	38	39	40
41	42	43	44	45	46	47	48	49	50
51	52	53	54	55	56	57	58	59	60
61	62	63	64	65	66	67	68	69	70
71	72	73	74	75	76	77	78	79	80
81	82	83	84	85	86	87	88	89	90
91	92	93	94	95	96	97	98	99	100

친구를 사귀기 위한 기도

1) 하나님 아버지의 이름이 나를 통하여 거룩히 여김 받으시기를 원합니다.

4) 하나님! 나는 마음을 터놓고 도우며 사랑할 수 있는 좋은 친구를 만나고 싶습니다. 좋은 관계를 가지고 오랫동안 사귈 수 있는 그런 친구를 만나게 해 주십시오.

 교회 안에서도 신앙에 관한 이야기도 하고 서로 기도해 주고 돕는 친구를 사귀고 싶습니다. 이런 좋은 친구를 만나도록 인도해 주십시오.

9) 나라와 권세와 영광이 하나님께 영원히 있습니다.

10) 예수님의 이름으로 기도드립니다. 아멘

Prayer Note

기도 후 체크하세요

1	2	3	4	5	6	7	8	9	10
11	12	13	14	15	16	17	18	19	20
21	22	23	24	25	26	27	28	29	30
31	32	33	34	35	36	37	38	39	40
41	42	43	44	45	46	47	48	49	50
51	52	53	54	55	56	57	58	59	60
61	62	63	64	65	66	67	68	69	70
71	72	73	74	75	76	77	78	79	80
81	82	83	84	85	86	87	88	89	90
91	92	93	94	95	96	97	98	99	100

친구와 싸웠을 때 하는 기도

1) 하나님 아버지의 이름이 나를 통하여 거룩히 여김 받으시기를 원합니다.

4) 하나님! 오늘 친구와 다투었습니다. 서로 조금만 이해하고 참았으면 되는데 감정이 상한 채 집으로 돌아왔습니다.

5) 친구가 나의 마음에 아픔을 주었지만 그 친구를 용서합니다. 나도 잘못한 것이 있고 친구를 아프게 했습니다.

6) 친구를 용서해 준 것 같이 나의 잘못도 용서해 주십시오.

7) 이 일로 내가 시험들지 않게 해 주십시오. 이 일로 내가 좌절하지 않게 해 주시고, 더 열심히 기도하며 하나님을 사랑하고 섬기게 해 주십시오. 그리고 친구와 다시 좋은 관계로 회복되게 해 주십시오. 다른 친구들과의 사이에

서도 다투지 않고 좋은 관계로 지내게 해 주
십시오.

8) 이런 일로 악한 마음이 생기지 않게 해 주
십시오. 친구를 미워하거나 원망하는 일을 하
지 않도록 해 주십시오. 선한 마음으로 악한
마음을 이기고 승리하게 해 주십시오.

9) 나라와 권세와 영광이 하나님께 영원히 있
습니다.

10) 예수님의 이름으로 기도드립니다. 아멘

Prayer Note

- - - - - - - - - - - - - - - - - - - -

- - - - - - - - - - - - - - - - - - - -

- - - - - - - - - - - - - - - - - - - -

- - - - - - - - - - - - - - - - - - - -

기도 후 체크하세요

1	2	3	4	5	6	7	8	9	10
11	12	13	14	15	16	17	18	19	20
21	22	23	24	25	26	27	28	29	30
31	32	33	34	35	36	37	38	39	40
41	42	43	44	45	46	47	48	49	50
51	52	53	54	55	56	57	58	59	60
61	62	63	64	65	66	67	68	69	70
71	72	73	74	75	76	77	78	79	80
81	82	83	84	85	86	87	88	89	90
91	92	93	94	95	96	97	98	99	100

이성친구를 사귈 때 하는 기도

1) 하나님 아버지의 이름이 나를 통하여 거룩히 여김 받으시기를 원합니다.

4) 하나님! 나도 이제 이성친구가 필요하다고 느껴집니다. 주변에 많은 친구들이 있지만 어떤 친구를 만나야 할지 모르겠습니다.

하나님께서 사람을 분별하는 지혜를 주셔서 좋은 친구와 사귀게 해 주십시오. 장난으로 심심해서 사귀는 것이 아니라 진심으로 서로를 이해하고 도와 주는 그런 좋은 친구를 만나게 해 주십시오.

9) 나라와 권세와 영광이 하나님께 영원히 있습니다.

10) 예수님의 이름으로 기도드립니다. 아멘

Prayer Note

◀┃ 기도 후 체크하세요

1	2	3	4	5	6	7	8	9	10
11	12	13	14	15	16	17	18	19	20
21	22	23	24	25	26	27	28	29	30
31	32	33	34	35	36	37	38	39	40
41	42	43	44	45	46	47	48	49	50
51	52	53	54	55	56	57	58	59	60
61	62	63	64	65	66	67	68	69	70
71	72	73	74	75	76	77	78	79	80
81	82	83	84	85	86	87	88	89	90
91	92	93	94	95	96	97	98	99	100

배우자를 위한 준비기도

1) 하나님 아버지의 이름이 나를 통하여 거룩히 여김 받으시기를 원합니다.

2) 나의 마음속에 하나님 나라가 항상 있게 해 주시고, 의와 평강과 기쁨이 있게 해 주십시오.

3) 하나님의 뜻이 나에게 이루어져서 구원과 순종하는 삶이 있게 해 주십시오.

4) 하나님! 앞으로 내가 어른이 되어 만날 배우자를 위해 기도합니다. 어떤 사람을 만나게 될지도 모르고, 어떤 사람이 좋은 사람인지 볼 줄도 모르지만 하나님께서 좋은 사람을 만날 수 있도록 인도해 주십시오.

　첫째는 믿음이 좋은 사람이기를 원합니다.

(자신이 원하는 배우자의 조건을 구체적으로 기록하고 기도하십시오.)

배우자와 함께 하나님을 섬기고 기쁘게 해
드리기를 원합니다.

9) 나라와 권세와 영광이 하나님께 영원히 있
습니다.

10) 예수님의 이름으로 기도드립니다. 아멘

Prayer Note

기도 후 체크하세요

1	2	3	4	5	6	7	8	9	10
11	12	13	14	15	16	17	18	19	20
21	22	23	24	25	26	27	28	29	30
31	32	33	34	35	36	37	38	39	40
41	42	43	44	45	46	47	48	49	50
51	52	53	54	55	56	57	58	59	60
61	62	63	64	65	66	67	68	69	70
71	72	73	74	75	76	77	78	79	80
81	82	83	84	85	86	87	88	89	90
91	92	93	94	95	96	97	98	99	100

비전을 위한 기도
(학교, 학과 선택을 위한 기도)

1) 하나님 아버지의 이름이 나를 통하여 거룩히 여김 받으시기를 원합니다.

4) 하나님! 내가 어떤 학교에 진학해야 할지 어떤 학과를 선택해야 할지 모르겠습니다. 내가 가고 싶은 학교는 (   ) 이지만 내 실력이 모자랍니다. 그래서 기도드립니다. 내가 갈 수 있는 학교를 지혜롭게 잘 정하게 해 주십시오.

또 내가 공부하고 싶은 학과는 (   ) 인데 부모님은 (   )를 선택하라고 하십니다. 이럴 때는 어떻게 해야 할지, 어떤 학과를 선택해야 할지 모르겠습니다. 하나님께서 지혜를 주셔서 미래지향적인 학과를 선택하여 후회함이 없도록 인도해 주십시오.

정말 내가 하고 싶은 것을 부모님께 신뢰감이

들도록 지혜롭게 잘 말하게 해 주시고, 열심히 할 수 있는 마음도 주십시오.

9) 나라와 권세와 영광이 하나님께 영원히 있습니다.

10) 예수님의 이름으로 기도드립니다. 아멘

기도 후 체크하세요

1	2	3	4	5	6	7	8	9	10
11	12	13	14	15	16	17	18	19	20
21	22	23	24	25	26	27	28	29	30
31	32	33	34	35	36	37	38	39	40
41	42	43	44	45	46	47	48	49	50
51	52	53	54	55	56	57	58	59	60
61	62	63	64	65	66	67	68	69	70
71	72	73	74	75	76	77	78	79	80
81	82	83	84	85	86	87	88	89	90
91	92	93	94	95	96	97	98	99	100

대학 진학을 포기할 때 하는 기도

1) 하나님 아버지의 이름이 나를 통하여 거룩히 여김 받으시기를 원합니다.

4) 하나님 아버지! 나는 가정 형편이 어려워 대학에 진학하는 것을 포기하려고 합니다. 이 일로 내가 부모님을 원망하거나 내 마음이 낙심되지 않게 해 주십시오.

　나에게 용기를 주셔서 더 열심히 살게 해 주시고, 좋은 직장을 주셔서 열심히 일하게 해 주십시오. 어떤 환경에서든지 항상 감사하는 마음을 가지고, 하나님이 주시는 또 다른 목표들을 향해 즐거운 마음으로 생활하게 해 주십시오.

　나중에라도 공부할 수 있는 여건이 되어 대학공부를 할 수 있는 기회를 주십시오.

9) 나라와 권세와 영광이 하나님께 영원히 있

습니다.

10) 예수님의 이름으로 기도드립니다. 아멘

기도 후 체크하세요

1	2	3	4	5	6	7	8	9	10
11	12	13	14	15	16	17	18	19	20
21	22	23	24	25	26	27	28	29	30
31	32	33	34	35	36	37	38	39	40
41	42	43	44	45	46	47	48	49	50
51	52	53	54	55	56	57	58	59	60
61	62	63	64	65	66	67	68	69	70
71	72	73	74	75	76	77	78	79	80
81	82	83	84	85	86	87	88	89	90
91	92	93	94	95	96	97	98	99	100

취업을 준비할 때 하는 기도

1) 하나님 아버지의 이름이 나를 통하여 거룩히 여김 받으시기를 원합니다.

4) 하나님 아버지! 내가 지금 취업을 하기 위해 직장을 구하고 있습니다. 내가 열심히 일할 수 있는 좋은 직장을 주십시오. 주일을 지킬 수 있고 하나님을 믿는 것에 불편함이 없는 직장으로 인도해 주십시오.

이단이나 우상을 섬기는 곳, 죄를 범하게 하는 곳은 피하게 해 주십시오. 또 근무 조건이나 급여 문제가 적절하게 이루어진 곳으로 가게 해 주십시오.

하나님께서 주신 직장에서 최선을 다해 성실하게 일해서 하나님의 영광을 나타내게 해 주십시오. 내가 열심히 일하고 모범을 보여 직장에서 전도도 하고 영혼을 구원하도록 해 주십시오.

또 환경이나 시간이 되면 목장도 만들어 성경공부도 하게 해 주십시오. 나와 내가 다니는 직장을 통해 하나님께 영광이 되도록 해 주십시오.

9) 나라와 권세와 영광이 하나님께 영원히 있습니다.

10) 예수님의 이름으로 기도드립니다. 아멘

Prayer Note

기도 후 체크하세요

1	2	3	4	5	6	7	8	9	10
11	12	13	14	15	16	17	18	19	20
21	22	23	24	25	26	27	28	29	30
31	32	33	34	35	36	37	38	39	40
41	42	43	44	45	46	47	48	49	50
51	52	53	54	55	56	57	58	59	60
61	62	63	64	65	66	67	68	69	70
71	72	73	74	75	76	77	78	79	80
81	82	83	84	85	86	87	88	89	90
91	92	93	94	95	96	97	98	99	100

부모님에게 대항하는 잘못을
고치기 위한 기도

1) 하나님 아버지의 이름이 나를 통하여 거룩히 여김 받으시기를 원합니다.

8) 하나님! 나는 부모님에게 대항하는 악이 있습니다. 부모님이 말씀하시면 '대들고 따지고 소리 지르고 성질내는' 악이 있습니다.

 이런 악한 행동은 하나님께 벌을 받는다는 것을 알면서도 습관적으로 하고 있습니다. 이 악에서 나를 구원해 주십시오.

 이 악으로 인해 부모님과의 관계가 나빠지거나 깨질 때 저도 많이 괴롭습니다. 이런 일이 없기를 진심으로 원합니다. 나의 잘못을 고치고 새롭게 변화되게 해 주십시오. 부모님에게 대항하는 악에서 나를 구원해 주십시오.

9) 나라와 권세와 영광이 하나님께 영원히 있습니다.

10) 예수님의 이름으로 기도드립니다. 아멘

◀||기도 후 체크하세요

1	2	3	4	5	6	7	8	9	10
11	12	13	14	15	16	17	18	19	20
21	22	23	24	25	26	27	28	29	30
31	32	33	34	35	36	37	38	39	40
41	42	43	44	45	46	47	48	49	50
51	52	53	54	55	56	57	58	59	60
61	62	63	64	65	66	67	68	69	70
71	72	73	74	75	76	77	78	79	80
81	82	83	84	85	86	87	88	89	90
91	92	93	94	95	96	97	98	99	100

욕하는 습관을 끊기 위한 기도

1) 하나님 아버지의 이름이 나를 통하여 거룩히 여김 받으시기를 원합니다.

8) 하나님! 나에게는 욕을 하는 악이 있습니다. 이 욕하는 악이 나를 지배해서 나도 모르게 욕이 나옵니다. 이 악에서 구원해 주십시오. 나에게 욕을 먹은 사람들과 관계가 끊어져 좋은 사람들을 잃었습니다. 또 욕을 하는 것 때문에 하나님의 이름을 욕되게 하는 죄도 범하고 있습니다.

나 스스로도 내가 악하다고 생각됩니다. 고치려고 해도 잘 되지 않습니다. 하나님께서 이 욕하는 악에서 나를 구원해 주십시오. 그래서 좋은 말 선한 말을 하여 사람들에게 인정받고 사랑받게 해 주십시오.

9) 나라와 권세와 영광이 하나님께 영원히 있

습니다.

10) 예수님의 이름으로 기도드립니다. 아멘

🔊 기도 후 체크하세요

1	2	3	4	5	6	7	8	9	10
11	12	13	14	15	16	17	18	19	20
21	22	23	24	25	26	27	28	29	30
31	32	33	34	35	36	37	38	39	40
41	42	43	44	45	46	47	48	49	50
51	52	53	54	55	56	57	58	59	60
61	62	63	64	65	66	67	68	69	70
71	72	73	74	75	76	77	78	79	80
81	82	83	84	85	86	87	88	89	90
91	92	93	94	95	96	97	98	99	100

술 먹는 습관을 끊기 위한 기도

1) 하나님 아버지의 이름이 나를 통하여 거룩히 여김 받으시기를 원합니다.

8) 하나님! 나에게는 술 먹는 악이 있습니다. 이 술 때문에 실수도 많이 합니다. 이 술 먹는 악에서 구원해 주십시오.

술 먹는 양이 점점 늘고 있습니다. 술 때문에 공부도 되지 않고 정상적인 생활도 하기가 어렵습니다. 이러다가 술중독이 될까봐 걱정도 됩니다. 술 때문에 미래를 망치는 사람이 되고 싶지 않습니다.

술을 먹기 시작한 것을 진심으로 회개합니다. 용서해 주십시오. 나를 이 술 먹는 악에서 구원해 주십시오. 술을 끊고 내 나이와 신분에 맞게 살게 해 주십시오.

9) 나라와 권세와 영광이 하나님께 영원히 있

습니다.

10) 예수님의 이름으로 기도드립니다. 아멘

◀ 기도 후 체크하세요

1	2	3	4	5	6	7	8	9	10
11	12	13	14	15	16	17	18	19	20
21	22	23	24	25	26	27	28	29	30
31	32	33	34	35	36	37	38	39	40
41	42	43	44	45	46	47	48	49	50
51	52	53	54	55	56	57	58	59	60
61	62	63	64	65	66	67	68	69	70
71	72	73	74	75	76	77	78	79	80
81	82	83	84	85	86	87	88	89	90
91	92	93	94	95	96	97	98	99	100

담배 피우는 습관을 끊기 위한 기도

1) 하나님 아버지의 이름이 나를 통하여 거룩히 여김 받으시기를 원합니다.

8) 하나님! 나에게는 담배를 피우는 악이 있습니다. 호기심으로 시작한 담배를 지금은 즐기게 되어 끊기가 어렵게 되었습니다. 어른들 말씀을 듣지 않고 담배를 피운 것을 회개합니다. 나를 용서해 주십시오.

이 담배 피우는 악에서 나를 구원해 주십시오. 하나님만이 이 악에서 나를 구원하실 수 있습니다.

9) 나라와 권세와 영광이 하나님께 영원히 있습니다.

10) 예수님의 이름으로 기도드립니다. 아멘

기도 후 체크하세요

1	2	3	4	5	6	7	8	9	10
11	12	13	14	15	16	17	18	19	20
21	22	23	24	25	26	27	28	29	30
31	32	33	34	35	36	37	38	39	40
41	42	43	44	45	46	47	48	49	50
51	52	53	54	55	56	57	58	59	60
61	62	63	64	65	66	67	68	69	70
71	72	73	74	75	76	77	78	79	80
81	82	83	84	85	86	87	88	89	90
91	92	93	94	95	96	97	98	99	100

음란한 습관을 고치기 위한 기도

1) 하나님 아버지의 이름이 나를 통하여 거룩히 여김 받으시기를 원합니다.

9) 하나님! 나에게는 음락한 악이 있습니다. 이 악은 나의 마음과 정신을 병들게 합니다. 그래서 한번 시작되면 많은 상상으로 죄를 범하고 온갖 음란한 일들을 생각합니다. 나를 이 악에서 구원해 주십시오. 하나님만이 이 악에서 나를 구원할 수 있다는 것을 믿습니다.

이 악이 포르노, 야동, 채팅, 자위, 나쁜 이성 관계, 변태 등 많은 죄의 길로 빠지게 한다는 것을 알고 있습니다. 나를 이 음란한 악에서 구원해 주십시오.

9) 나라와 권세와 영광이 하나님께 영원히 있습니다.

10) 예수님의 이름으로 기도드립니다. 아멘

Prayer Note

◀╎ 기도 후 체크하세요

1	2	3	4	5	6	7	8	9	10
11	12	13	14	15	16	17	18	19	20
21	22	23	24	25	26	27	28	29	30
31	32	33	34	35	36	37	38	39	40
41	42	43	44	45	46	47	48	49	50
51	52	53	54	55	56	57	58	59	60
61	62	63	64	65	66	67	68	69	70
71	72	73	74	75	76	77	78	79	80
81	82	83	84	85	86	87	88	89	90
91	92	93	94	95	96	97	98	99	100

하나님의 이름을 거룩하게 하는 기도

1) 하나님 아버지의 이름이 나를 통하여 거룩히 여김 받으시기를 원합니다.

하나님 아버지! 피조물인 내가 창조주인 하나님을 거룩하게 하지 못한 것을 용서해 주십시오. 이제부터라도 하나님의 이름을 거룩하게 하기를 원합니다.

하나님께서는 "내가 거룩하니 너희도 거룩하라"고 하셨습니다. 이 말씀대로 살지 못함을 회개합니다.

하늘의 천사들도 하나님이 "거룩하다, 거룩하다"고 하는데, 피조물인 내가 하나님의 이름을 거룩하게 하지 못한 것을 회개합니다. 또 다윗과 한나도 하나님을 "거룩하다"고 했는데 나는 그렇게 하지 못한 것을 회개합니다.

앞으로는 하나님의 이름을 거룩하게 하는 말

과 생각과 행동을 하게 해 주십시오. 교회에서
도 하나님의 이름을 거룩하게 하는 일만 하게
해 주십시오. 가정에서도 하나님의 이름을 거
룩하게 하는 일만 하게 해 주십시오. 학교에서
도 하나님의 이름을 거룩하게 하는 일만 하게
해 주십시오.

나도 천사와 다윗과 한나처럼 하나님의 이름
을 거룩하게 하는 피조물이 되기를 원합니다.
하나님! 나의 육신의 아버지와 어머니를 통
해서 하나님의 이름이 거룩하게 여김 받으시
기를 원합니다. 아버지와 어머니가 하나님의
이름을 거룩하게 하는 일만 하게 해 주십시오.
하나님! 나의 (   )를 통해서 하나
님의 이름이 거룩하게 여김 받으시기를 원합
니다.

(   )가 하나님의 이름을 거룩하게
하는 일만 하게 해 주십시오.

9) 하나님의 나라와 권세와 영광이 영원히 하나님 아버지께 있사오며

10) 예수님의 이름으로 기도드립니다. 아멘

Prayer Note

- -

- -

- -

🔊기도 후 체크하세요

1	2	3	4	5	6	7	8	9	10
11	12	13	14	15	16	17	18	19	20
21	22	23	24	25	26	27	28	29	30
31	32	33	34	35	36	37	38	39	40
41	42	43	44	45	46	47	48	49	50
51	52	53	54	55	56	57	58	59	60
61	62	63	64	65	66	67	68	69	70
71	72	73	74	75	76	77	78	79	80
81	82	83	84	85	86	87	88	89	90
91	92	93	94	95	96	97	98	99	100

하나님 나라를 위한 기도

1) 하나님 아버지의 이름이 나를 통하여 거룩히 여김 받으시기를 원합니다.

2) 하나님의 나라가 내게 이루어지기를 원합니다. 하나님께 선택받은 백성에게만 주시는 하나님 나라가 나의 마음속에 영원히 이루어지기를 기도합니다. 그래서 하나님이 나의 마음속에 거하시며 영원히 함께 해 주십시오.

나의 왕이시며 나의 신이시며 나의 주인이신 하나님이 주관하시고 통치해 주십시오. 내가 하나님의 통치를 받으며 기뻐하고 즐거워하며, 하나님의 명령인 성경말씀을 지키게 해 주십시오. 그래서 내가 복 있는 사람이 되게 해 주십시오.

또한 하나님 나라가 이루어진 사람에게 주시는 '의와 평강과 희락'을 주셔서 세상 사람들과 다른 마음을 가지고 살게 해 주십시오. 마귀가 여러 가지 고난을 주어 '의와 평강과 희락'을 빼앗으려 하니 지키게 해 주십시오.

9) 하나님의 나라와 권세와 영광이 영원히 하나님 아버지께 있사오며

10) 예수님의 이름으로 기도드립니다. 아멘

Prayer Note

◀️ 기도 후 체크하세요

1	2	3	4	5	6	7	8	9	10
11	12	13	14	15	16	17	18	19	20
21	22	23	24	25	26	27	28	29	30
31	32	33	34	35	36	37	38	39	40
41	42	43	44	45	46	47	48	49	50
51	52	53	54	55	56	57	58	59	60
61	62	63	64	65	66	67	68	69	70
71	72	73	74	75	76	77	78	79	80
81	82	83	84	85	86	87	88	89	90
91	92	93	94	95	96	97	98	99	100

하나님의 뜻을 이루는 기도

1) 하나님 아버지의 이름이 나를 통하여 거룩히 여김 받으시기를 원합니다.

2) 하나님의 나라가 내게 이루어지기를 원합니다.

3) 하나님의 뜻이 하늘에서 이루어진 것 같이 땅에서 나에게 이루어지기를 원합니다.

세상에서 하나님의 뜻을 이루지 못하도록 마귀가 방해한다는 것을 알고 있습니다. 하나님의 뜻이 나에게 이루어지는 것을 마귀가 방해하지 못하도록 물리쳐 주십시오. 그래서 내가 하나님의 뜻대로 구원받게 해 주시고, 하나님의 뜻을 깨달아 이루어 드리는 사람이 되게 해 주십시오.

내가 나의 뜻을 버리고 하나님의 뜻대로 순종하는 사람이 되어 하나님을 신뢰하게 해 주시고, 나를 통해 하나님의 살아계심을 세상에 알려 세상 사람들이 하나님을 믿고 구원받게 해 주십시오.

9) 하나님의 나라와 권세와 영광이 영원히 하나님 아버지께 있사오며

10) 예수님의 이름으로 기도드립니다. 아멘

Prayer Note

기도 후 체크하세요

1	2	3	4	5	6	7	8	9	10
11	12	13	14	15	16	17	18	19	20
21	22	23	24	25	26	27	28	29	30
31	32	33	34	35	36	37	38	39	40
41	42	43	44	45	46	47	48	49	50
51	52	53	54	55	56	57	58	59	60
61	62	63	64	65	66	67	68	69	70
71	72	73	74	75	76	77	78	79	80
81	82	83	84	85	86	87	88	89	90
91	92	93	94	95	96	97	98	99	100

필요한 것을 구하는 기도

1) 하나님 아버지의 이름이 나를 통하여 거룩히 여김 받으시기를 원합니다.

4) 하나님! 나에게 필요한 것들이 많이 있습니다. **첫째**는 하나님을 사랑하고 경외하는 마음을 주십시오. **둘째**는 이웃을 사랑하는 은사를 주십시오. **셋째**는 좋은 성품을 주십시오. **넷째**는 옳고 그른 것을 분별하고 우선순위를 바르게 아는 지혜를 주십시오. **다섯째**는 공부를 열심히 해서 내가 원하는 학교(직장)에 진학(취업)하게 해 주십시오. **여섯째**는 건강하게 해 주십시오. **일곱째**는 부모님이 건강하고 하는 일이 잘되고 행복하게 해 주십시오. **여덟째**는 우리 가정이 하나님을 잘 믿고 복 받게 해 주십시오. **아홉째**는 내가 교회에서 충실하고 헌신하여 하나님께 많은 영광을 돌리게 해 주

십시오. **열 번째**는 좋은 친구들을 많이 사귀게
해 주십시오.

9) 하나님의 나라와 권세와 영광이 영원히 하
나님 아버지께 있사오며

10) 예수님의 이름으로 기도드립니다. 아멘

Prayer Note

_____

_____

_____

_____

📢 기도 후 체크하세요

1	2	3	4	5	6	7	8	9	10
11	12	13	14	15	16	17	18	19	20
21	22	23	24	25	26	27	28	29	30
31	32	33	34	35	36	37	38	39	40
41	42	43	44	45	46	47	48	49	50
51	52	53	54	55	56	57	58	59	60
61	62	63	64	65	66	67	68	69	70
71	72	73	74	75	76	77	78	79	80
81	82	83	84	85	86	87	88	89	90
91	92	93	94	95	96	97	98	99	100

다른 사람의 죄를 용서하는 기도

1) 하나님 아버지의 이름이 나를 통하여 거룩히 여김 받으시기를 원합니다.

2) 하나님의 나라가 내게 이루어지기를 원합니다.

3) 하나님의 뜻이 하늘에서 이루어진 것 같이 땅에서 나에게 이루어지기를 원합니다.

5) 하나님! 나를 힘들게 하고 내 마음에 상처를 준 사람 ○○○를 용서합니다. 또 나를 욕하고 때리고 무시한 ○○○를 용서합니다.

 세상 사람들처럼 내가 마음에 미움과 저주를 가지고 살지 않게 해 주시고, 예수님 말씀대로 다른 사람의 죄를 용서하는 사람이 되게 해 주십시오. 내가 사랑으로 다른 사람을 이해하고 용서할 수 있는 사람이 되기를 원합니다.

6) 예수님 말씀에 순종하여 나를 버리고 다른

사람의 죄를 용서해 준 것 같이 나의 죄도 용
서해 주십시오. 나는 더 큰 죄인임을 고백합
니다.

9) 하나님의 나라와 권세와 영광이 영원히 하
나님 아버지께 있사오며

10) 예수님의 이름으로 기도드립니다. 아멘

Prayer Note

기도 후 체크하세요

1	2	3	4	5	6	7	8	9	10
11	12	13	14	15	16	17	18	19	20
21	22	23	24	25	26	27	28	29	30
31	32	33	34	35	36	37	38	39	40
41	42	43	44	45	46	47	48	49	50
51	52	53	54	55	56	57	58	59	60
61	62	63	64	65	66	67	68	69	70
71	72	73	74	75	76	77	78	79	80
81	82	83	84	85	86	87	88	89	90
91	92	93	94	95	96	97	98	99	100

시험에 들지 않게 하는 기도

1) 하나님 아버지의 이름이 나를 통하여 거룩히 여김 받으시기를 원합니다.

2) 하나님의 나라가 내게 이루어지기를 원합니다.

3) 하나님의 뜻이 하늘에서 이루어진 것 같이 땅에서 나에게 이루어지기를 원합니다.

7) 하나님! 내가 시험에 들지 않기를 원합니다. 마귀가 이성으로 나를 시험합니다. 술과 담배로 시험합니다. 컴퓨터 게임으로 시험합니다. 음란물로 시험합니다. 노는 것으로 시험합니다. 공부하기 싫어하는 마음으로 시험합니다. 교만, 자랑으로 시험합니다. 욕심으로 시험합니다. 다툼과 싸움으로 시험합니다. 왕따를 당하거나 왕따시키는 것으로 시험합니다. 이런 시험에 빠지지 않도록 지켜 주십시오.

9) 하나님의 나라와 권세와 영광이 영원히 하나님 아버지께 있사오며

10) 예수님의 이름으로 기도드립니다. 아멘

Prayer Note

기도 후 체크하세요

1	2	3	4	5	6	7	8	9	10
11	12	13	14	15	16	17	18	19	20
21	22	23	24	25	26	27	28	29	30
31	32	33	34	35	36	37	38	39	40
41	42	43	44	45	46	47	48	49	50
51	52	53	54	55	56	57	58	59	60
61	62	63	64	65	66	67	68	69	70
71	72	73	74	75	76	77	78	79	80
81	82	83	84	85	86	87	88	89	90
91	92	93	94	95	96	97	98	99	100

악에서 구해 달라는 기도

1) 하나님 아버지의 이름이 나를 통하여 거룩히 여김 받으시기를 원합니다.

2) 하나님의 나라가 내게 이루어지기를 원합니다.

3) 하나님의 뜻이 하늘에서 이루어진 것 같이 땅에서 나에게 이루어지기를 원합니다.

8) 하나님! 나를 악에서 구원해 주십시오. 하나님을 모르는 것도 악이라고 하셨는데 나에게도 하나님을 모르는 악이 있습니다. 하나님 말씀에 불순종하는 악이 있습니다. 하나님의 종에게 따지고 불순종하는 악이 있습니다.

우상 숭배하는 악이 있습니다. 교회를 다니기 싫어하고, 주일을 지키지 않고, 예배를 드리지 않는 악이 있습니다. 교회 일에 충성하지 않는 악, 교회 질서를 무시하는 악이 있습니다.

전도하지 않고 나에게 주어진 사명을 감당하지 않는 악이 있습니다.

마음속에 미움을 품는 악, 사랑을 실천하지 않는 악이 있습니다. 불만, 불평하는 악, 거짓말하는 악이 있습니다. 부모님 말씀에 불순종하고 부모님을 공경하지 않는 악이 있습니다.

나쁜 마음을 먹고 남을 속이는 악이 있습니다. 게으른 악이 있습니다. 선을 행하지 않는 악이 있습니다. 화를 내고 신경질 부리는 악, 욕을 하는 악이 있습니다. 남을 무시하는 악, 시험에 자주 드는 악이 있습니다.

음란한 악, 포르노를 보는 악이 있습니다. 컴퓨터에 중독된 악이 있습니다. 이런 악에서 나를 구원해 주십시오. 그래서 내 영혼이 잘되고 복을 받게 해 주십시오.

9) 하나님의 나라와 권세와 영광이 영원히 하나님 아버지께 있사오며

10) 예수님의 이름으로 기도드립니다. 아멘

기도 후 체크하세요

1	2	3	4	5	6	7	8	9	10
11	12	13	14	15	16	17	18	19	20
21	22	23	24	25	26	27	28	29	30
31	32	33	34	35	36	37	38	39	40
41	42	43	44	45	46	47	48	49	50
51	52	53	54	55	56	57	58	59	60
61	62	63	64	65	66	67	68	69	70
71	72	73	74	75	76	77	78	79	80
81	82	83	84	85	86	87	88	89	90
91	92	93	94	95	96	97	98	99	100

나라와 권세와 영광을
하나님께 돌리는 기도

1) 하나님 아버지의 이름이 나를 통하여 거룩히 여김 받으시기를 원합니다.

2) 하나님의 나라가 내게 이루어지기를 원합니다.

3) 하나님의 뜻이 하늘에서 이루어진 것 같이 땅에서 나에게 이루어지기를 원합니다.

9) 사람은 영광을 받을 수 없고 오직 하나님에게만 영광이 있는 줄을 믿습니다. 내가 모든 생활 속에서 하나님의 영광을 가로채는 일이 없게 해 주십시오. 어떤 일이든지 하나님께만 영광을 돌리게 해 주십시오.

10) 예수님의 이름으로 기도드립니다. 아멘

Prayer Note

🔊 기도 후 체크하세요

1	2	3	4	5	6	7	8	9	10
11	12	13	14	15	16	17	18	19	20
21	22	23	24	25	26	27	28	29	30
31	32	33	34	35	36	37	38	39	40
41	42	43	44	45	46	47	48	49	50
51	52	53	54	55	56	57	58	59	60
61	62	63	64	65	66	67	68	69	70
71	72	73	74	75	76	77	78	79	80
81	82	83	84	85	86	87	88	89	90
91	92	93	94	95	96	97	98	99	100

3부

단체를 위한 기도

나라를 위한 기도

1) 하나님 아버지의 이름이 우리나라를 통하여 거룩히 여김 받으시기를 원합니다. 특히 나라를 다스리는 사람들이 하나님의 이름을 거룩히 하게 할 일을 계획하고 행하게 해 주십시오.

2) 하나님 나라가 우리나라에 이루어지기를 원합니다. 그래서 우리나라에 천국이 이루어져 의와 평강과 기쁨이 있는 나라가 되게 해 주십시오.

우리나라가 하나님의 통치를 받아 정의를 행하며, 하나님의 백성이 되고 하나님 나라의 법을 지키며 살게 해 주시고, 또 하나님 나라의 영광을 위해 일하게 해 주십시오.

3) 하나님의 뜻이 하늘에서 이루어진 것 같이 우리나라에 이루어지기를 원합니다. 우리나라를 통하여 하나님의 선하신 뜻이 세계 여러 나

라에 전파되고, 하나님의 뜻인 사람을 구원하
는 일이 온 민족에게 이루어지기를 원합니다.
4) 하나님께서 우리나라에 일용할 양식이 풍
족하게 해 주시기를 원합니다.

　우리나라를 북한과 강대국들 사이에서 지켜
주시고, 전쟁이 일어나지 않도록 보호해 주십
시오.

　정치가 안정되고 노사 간에 이기적인 마음을
버리고 서로 이해하고 사랑하는 분위기가 조
성되게 해 주십시오.

　또 경제대국이 되어 가난한 사람이 없어지고,
복지가 잘 이루어져 살기 좋은 환경이 되게 해
주십시오. 특히 하나님을 믿는 사람들이 잘 살
아 더 많은 교회를 세우고 선교할 수 있도록
축복해 주십시오. 한국 교회가 계속 부흥하게
해 주셔서 더 많은 영혼을 구원시켜 주십시오.
5) 하나님! 다른 나라의 죄를 용서합니다.

우리나라에 피해를 주고 힘들게 했던 이웃나라들과 사람들을 용서합니다. 그 나라와 사람들이 하나님을 경외하고 구원받고 복 받기를 원합니다.

6) 하나님! 다른 나라들의 죄를 용서해 준 것 같이 우리나라의 죄를 사해 주십시오. 우리나라도 하나님께 죄짓는 일이 많습니다.

특히 우상숭배와 잡신을 섬기는 일이 많습니다. 이런 죄들을 용서해 주십시오. 하나님만이 죄를 사하는 권세가 있는 줄 믿습니다.

7) 하나님! 우리나라가 시험에 들지 않게 해 주십시오. 마귀에게 시험당하지 않게 해 주시고, 우리나라를 시험하도록 허락하지 말아 주십시오. 우리나라가 전쟁, 지진, 홍수, 전염병, 내란, 기근, 가난, 폭동, 살인 등으로 시험당하지 않게 해 주십시오.

교회에 핍박이 없게 해 주시고, 영적으로 사

탄의 방해가 없도록 지켜 주십시오.

8) 하나님! 우리나라를 악에서 구원해 주십시오. 우리나라에 하나님의 법을 지키지 않는 악이 가득합니다. 이 악에서 우리나라를 구원해 주십시오. 그래서 하나님의 법을 지키는 선하고 의로운 나라가 되게 해 주십시오.

 우리나라가 어린아이, 청소년, 어른, 노인에 이르기까지 타락한 물질과 향락과 사치와 허영의 악에 물들고 있습니다. 음란과 간음, 강도, 살인, 사기 등 많은 악에 물들고 있습니다. 이 악에서 구원해 주십시오.

 모든 사람에게 악을 버릴 수 있는 마음을 주시고, 악에서 구원받아 선한 사람들이 되게 해 주십시오.

9) 하나님의 나라와 권세와 영광이 영원히 하나님 아버지께 있사오며

10) 예수님의 이름으로 기도드립니다. 아멘

Prayer Note

기도 후 체크하세요

1	2	3	4	5	6	7	8	9	10
11	12	13	14	15	16	17	18	19	20
21	22	23	24	25	26	27	28	29	30
31	32	33	34	35	36	37	38	39	40
41	42	43	44	45	46	47	48	49	50
51	52	53	54	55	56	57	58	59	60
61	62	63	64	65	66	67	68	69	70
71	72	73	74	75	76	77	78	79	80
81	82	83	84	85	86	87	88	89	90
91	92	93	94	95	96	97	98	99	100

교회를 위한 기도

1) 하나님 아버지의 이름이 우리 교회를 통하여 거룩히 여김 받으시기를 원합니다. 우리 교회가 하나님의 이름을 거룩하게 할 일만 하게 해 주십시오.

2) 하나님의 나라가 우리 교회에 이루어지기를 원합니다. 그래서 의와 평강과 희락이 넘치는 교회가 되어 교회 천국이 이루어지게 해 주십시오.

3) 하나님의 뜻이 하늘에서 이루어진 것 같이 땅에서 우리 교회를 통해 이루어지기를 원합니다. 우리 교회가 하나님의 뜻을 알고 이루어 드리기를 기도합니다. 하나님의 뜻이 우리 교회를 통하여 모든 민족에게 증거 되게 해 주십시오.

4) 하나님께서 우리 교회에 필요한 것을 공급

해 주시기를 원합니다.

[교회를 위한 중보기도]
※ 교회의 기도제목을 놓고 기도하십시오.

우리 교회의 목표가 이루어지게 해 주십시오.
우리 교회가 영혼들을 많이 구원하고, 리더
를 만들고 번식하는 교회가 되게 해 주십시오.
우리 교회 담임목사님의 건강을 지켜 주시고,
하나님의 뜻을 이루어 드리는 분이 되게 해
주십시오.

우리 교회 부목사님, 전도사님, 그리고 중진
되시는 분들이 담임목사님을 잘 돕고 협력하
게 해 주십시오. 또한 그분들이 성령 충만하고
말씀에 충만하여 하나님의 큰 뜻을 이루게 해
주십시오.

우리 교회 모든 성도들이 하나님을 잘 섬기
고 복 받는 사람들이 되기를 원합니다.

5) 하나님! 다른 사람의 죄를 용서합니다. 우리 교회에 상처를 주고 힘들게 했던 사람들을 용서합니다. 그 사람들이 하나님을 경외하고 복 받게 해 주십시오.

6) 하나님! 다른 사람들의 죄를 용서해 준 것같이 우리 교회의 죄를 사해 주십시오. 하나님만이 죄를 사하는 권세가 있는 줄 믿습니다.

7) 하나님! 우리 교회가 시험에 들지 않게 해 주십시오. 마귀에게 시험당하지 않게 해 주십시오. 세상으로부터 시험당하지 않게 해 주십시오. 물질이나 사람들로 인해 시험당하지 않게 해 주십시오.

 시험을 주는 마귀를 우리 교회에서 내쫓아 주시고 다시는 들어오지 않게 해 주십시오. 천군 천사로 우리 교회를 지켜 주십시오.

8) 하나님! 우리 교회를 악에서 구원해 주십시오. 우리 교회가 하나님의 법을 어기는 악을

행하지 않고, 하나님 말씀대로 선을 행하게 해
주십시오.

 우리 교회는 연약하오니 하나님께서 악을 이
길 수 있는 힘을 공급해 주십시오.

9) 하나님의 나라와 권세와 영광이 영원히 하
나님 아버지께 있사오며

10) 예수님의 이름으로 기도드립니다. 아멘

Prayer Note

🔊기도 후 체크하세요

1	2	3	4	5	6	7	8	9	10
11	12	13	14	15	16	17	18	19	20
21	22	23	24	25	26	27	28	29	30
31	32	33	34	35	36	37	38	39	40
41	42	43	44	45	46	47	48	49	50
51	52	53	54	55	56	57	58	59	60
61	62	63	64	65	66	67	68	69	70
71	72	73	74	75	76	77	78	79	80
81	82	83	84	85	86	87	88	89	90
91	92	93	94	95	96	97	98	99	100

목장을 위한 기도

1) 하나님 아버지의 이름이 우리 목장을 통하여 거룩히 여김 받으시기를 원합니다. 우리 목장원들이 하나님의 이름을 거룩히 여길 일만행하게 해 주십시오.

2) 하나님의 나라가 우리 목장에 이루어지기를 원합니다. 우리 목장원들이 의와 평강과 기쁨이 넘치는 사람들이 되게 해 주십시오.

3) 하나님의 뜻이 하늘에서 이루어진 것 같이 땅에서 우리 목장을 통하여 이루어지기를 원합니다. 우리 목장이 하나님의 뜻을 알고 이루어 드리기를 기도합니다.

하나님의 뜻이 우리 목장을 통하여 친구들과 주위사람들에게 전파되게 해 주십시오. 그리고 하나님의 뜻에 순종하는 목장원들이 되게해 주십시오.

4) 하나님께서 우리 목장에 필요한 것을 공급해 주시기를 원합니다. 우리 목장의 목자에게 은혜와 능력을 주시고, 목장원들에게 성령 충만과 말씀 충만을 주십시오. 그래서 우리 목장이 크게 부흥하게 해 주십시오.

또한 우리 목장에서 앞으로 나라를 이끌어 갈 리더들이 많이 배출되게 해 주십시오.

〔목장을 위한 중보기도〕
※ 목장의 기도제목을 놓고 기도하십시오.

목장원들 가정에 믿지 않는 사람들을 구원해 주십시오. 목장원들이 공부도 열심히 해서 좋은 성적을 올리게 해 주시고, 믿음과 건강도 주십시오. 하나님이 축복하시면 모든 것이 이루어지는 것을 믿습니다.

5) 하나님! 다른 사람(목장원)의 죄를 용서합니다. 우리에게 상처를 주고 힘들게 했던 사람

(목장원)을 용서합니다. 그 사람(목장원)이 하나님을 경외하고 복 받기를 원합니다.

6) 다른 사람의 죄를 용서해 준 것 같이 우리의 죄도 사해 주십시오. 하나님만이 죄를 사하는 권세가 있는 줄 믿습니다.

7) 하나님! 우리 목장이 시험에 들지 않게 해 주십시오. 마귀에게 시험당하지 않게 해 주십시오. 세상에서 시험당하지 않게 해 주십시오. 신앙생활에, 목장생활에 시험이 들지 않게 해 주십시오. 물질로 시험당하지 않게 해 주십시오. 친구나 사람들로 인해 시험이 없게 해 주십시오.

시험을 주는 마귀를 우리 목장에서 내쫓아 주시고 다시는 들어오지 않게 해 주십시오. 천군 천사로 우리 목장을 지켜 주십시오.

8) 하나님! 우리 목장을 악에서 구원해 주십시오. 우리 목장과 목장원들이 하나님의 법을

어기는 악을 버리게 해 주십시오. 이 악이 우리를 멸망당하게 하는 것을 압니다. 이 악에서 구원받아 선한 마음으로 살며 하나님의 법에 순종하고 복종하게 해 주십시오.

우리 목장과 목장원들에게 악은 모양이라도 버리는 믿음을 주십시오. 우리 목장원들은 연약하오니 하나님께서 악을 이길 수 있는 힘을 공급해 주시고 악에서 구원해 주십시오.

9) 하나님의 나라와 권세와 영광이 영원히 하나님 아버지께 있사오며

10) 예수님의 이름으로 기도드립니다. 아멘

Prayer Note

⚡기도 후 체크하세요

1	2	3	4	5	6	7	8	9	10
11	12	13	14	15	16	17	18	19	20
21	22	23	24	25	26	27	28	29	30
31	32	33	34	35	36	37	38	39	40
41	42	43	44	45	46	47	48	49	50
51	52	53	54	55	56	57	58	59	60
61	62	63	64	65	66	67	68	69	70
71	72	73	74	75	76	77	78	79	80
81	82	83	84	85	86	87	88	89	90
91	92	93	94	95	96	97	98	99	100

대표기도 (   )

1) 하나님 아버지의 이름이 우리 교회 (   )를 통하여 거룩히 여김 받으시기를 원합니다. 그리고 우리 (   )가 하나님의 이름을 거룩하게 할 일만 하게 해 주십시오.

2) 하나님의 나라가 우리 (   )에 임하여서 의와 평강과 희락이 넘치고 천국이 이루어지게 해 주십시오.

3) 하나님의 뜻이 하늘에서 이루어진 것 같이 땅에서 우리 (   )를 통하여 이루어지기를 원합니다. 우리 (   )가 하나님의 뜻을 알고 이루어 드리기를 기도합니다. 그리고 하나님의 뜻에 순종하는 (   )학생들이 되게 해 주십시오.

4) 하나님! 오늘 (   )가 하나님을 경배하

여 예배를 드립니다. 오직 하나님만이 예배를 받으실 분입니다. 우리의 몸과 마음과 물질과 시간과 믿음을 드리니 받아주십시오. 우리의 마음을 다하고 목숨을 다하고 뜻을 다하여 하나님을 사랑합니다.

하나님! 우리 (   )에 필요한 것을 공급해 주시기를 원합니다.

우리 (   )가 영혼들을 많이 구원하고 리더를 만들고 번식하는 (   )가 되게 해 주십시오. 또 우리 (   ) 학생들이 하나님을 경외하는 지혜로운 사람들이 되어 복을 받게 해 주십시오.

우리 (   )의 담당 부목사님(전도사님)이 성령 충만하고 말씀에 충만하여 하나님의 큰 뜻을 이루게 해 주십시오.

5) 하나님! 다른 사람들의 죄를 용서합니다. 우리에게 상처를 주고 힘들게 했던 사람들을

용서합니다. 그 사람들이 하나님을 경외하고
복 받게 해 주십시오.

6) 우리가 다른 사람들의 죄를 용서해 준 것
같이 우리 (   )의 죄도 사해 주십시오.
하나님만이 죄를 사하는 권세가 있는 줄 믿습
니다.

7) 하나님! 우리 (   ) 학생들이 시험에
들지 않게 해 주십시오. 마귀에게 시험당하지
않게 해 주십시오. 세상으로부터 시험당하지
않게 해 주십시오.

신앙생활, 교회생활에 시험들지 않게 해 주
십시오. 학교나 학원생활에 시험들지 않게 해
주십시오. 물질로 시험 당하지 않게 해 주십시
오. 친구들이나 사람 때문에 시험들지 않게 해
주십시오.

시험을 주는 마귀를 내쫓아 주시고 다시는
들어오지 않게 해 주십시오. 천군 천사로 우리

(   ) 학생들을 지켜 주십시오.

8) 하나님! 우리 (   )학생들을 악에서 구원해 주십시오. 우리에게 게으른 악이 있습니다. 불만, 불평하는 악이 있습니다. 예배에 참석하지 않는 악이 있습니다. 미워하는 악이 있습니다. 이기적인 악이 있습니다. 하나님을 두려워하지 않는 악이 있습니다. 이런 여러 가지 악에서 구원해 주십시오.

우리가 하나님의 법을 어기는 악을 행하지 않고 하나님 말씀대로 선을 행하게 해 주십시오. 우리는 연약하오니 하나님께서 악을 이길 수 있는 힘을 공급해 주십시오.

9) 하나님의 나라와 권세와 영광이 영원히 하나님 아버지께 있사오며

10) 예수님의 이름으로 기도드립니다. 아멘

Prayer Note

◀️ 기도 후 체크하세요

1	2	3	4	5	6	7	8	9	10
11	12	13	14	15	16	17	18	19	20
21	22	23	24	25	26	27	28	29	30
31	32	33	34	35	36	37	38	39	40
41	42	43	44	45	46	47	48	49	50
51	52	53	54	55	56	57	58	59	60
61	62	63	64	65	66	67	68	69	70
71	72	73	74	75	76	77	78	79	80
81	82	83	84	85	86	87	88	89	90
91	92	93	94	95	96	97	98	99	100

4부
가정을 위한 기도

가정을 위한 기도

1) 하나님 아버지의 이름이 우리 가정을 통하여 거룩히 여김 받으시기를 원합니다. 우리 가정이 하나님의 이름을 거룩하게 할 일만 행하게 해 주십시오.

2) 하나님의 나라가 우리 가정에 이루어지기를 원합니다. 우리 가정에 의와 평강과 희락이 항상 있게 해 주셔서 가정 천국이 이루어지고 행복하게 해 주십시오.

하나님 나라의 법인 서로 돕는 것을 지키며 살게 하시고, 하나님 나라의 영광을 위하여 일하게 해 주십시오.

3) 하나님의 뜻이 하늘에서 이루어진 것 같이 땅에서 우리 가정에 이루어지기를 원합니다. 하나님의 뜻이 우리 가정 식구들을 통하여 온 땅에 전파되기를 원합니다.

4) 하나님께서 우리 가정에 일용할 양식과 필요한 것들을 공급해 주시기를 원합니다.

물질도 풍성하게 해 주시고, 가족 모두가 건강하고 화목하게 해 주십시오. 하나님의 은혜에 감사하고 우리가 가진 것을 이웃들에게 나누어 주며 살게 해 주십시오.

5) 하나님! 다른 사람들의 죄를 용서합니다. 우리 가정에 상처를 주고 힘들게 했던 사람들을 용서합니다. 그 사람들이 하나님을 경외하고 복 받게 해 주십시오.

6) 다른 사람들의 죄를 용서해 준 것 같이 우리 가정의 죄도 사해 주십시오. 하나님만이 죄를 사하는 권세가 있는 줄 믿습니다.

7) 하나님! 우리 가정이 시험에 들지 않게 해 주십시오. 세상에서 시험당하지 않게 해 주십시오. 가난이나 질병, 사고, 명예나 물질로 시험당하지 않게 해 주십시오.

교회생활에 시험이 들지 않게 해 주십시오. 교회에서 맡겨진 일이나 사람들로 인해 시험 들지 않게 해 주십시오. 또 식구들로 인해 시험들지 않게 해 주십시오. 마귀가 우리 가정을 시험하지 못하도록 지켜 주십시오.

8) 하나님! 우리 가정을 악에서 구원해 주십시오. 우리 가정에 하나님의 법을 지키지 않는 악이 있습니다. 이 악에서 우리 가정을 구원해 주셔서 하나님의 법을 지키는 선한 가정이 되게 해 주십시오.

우리 가정이 세상의 여러 가지 악에 물들지 않도록 지켜 주십시오. 악은 모양이라도 보지 않게 해 주십시오. 우리 가정은 연약하오니 하나님께서 악을 이길 수 있는 힘을 공급해 주십시오.

9) 하나님의 나라와 권세와 영광이 영원히 하나님 아버지께 있사오며

10) 예수님의 이름으로 기도드립니다. 아멘

Prayer Note

🔊 기도 후 체크하세요

1	2	3	4	5	6	7	8	9	10
11	12	13	14	15	16	17	18	19	20
21	22	23	24	25	26	27	28	29	30
31	32	33	34	35	36	37	38	39	40
41	42	43	44	45	46	47	48	49	50
51	52	53	54	55	56	57	58	59	60
61	62	63	64	65	66	67	68	69	70
71	72	73	74	75	76	77	78	79	80
81	82	83	84	85	86	87	88	89	90
91	92	93	94	95	96	97	98	99	100

부모님을 위한 기도

1) 하나님 아버지의 이름이 (아버지/어머니)를 통하여 거룩히 여김 받으시기를 원합니다. 우리 (아버지/어머니)가 하나님의 이름을 거룩히 할 일만 행하게 해 주십시오.

2) 하나님의 나라가 (아버지/어머니)에게 이루어지기를 원합니다. 그래서 (아버지/어머니)에게 의와 평강과 희락이 항상 있게 해 주십시오.

(아버지/어머니)가 하나님의 통치를 받으며 하나님 백성답게 하나님 나라의 법을 지키며 살게 해 주시고, 하나님 나라의 영광을 위해 일하게 해 주십시오. 하나님 나라가 (아버지/어머니)를 통하여 사람들에게 전파되게 해 주십시오.

3) 하나님의 뜻이 하늘에서 이루어진 것 같이

땅에서 (아버지/어머니)에게 이루어지게 해 주십시오. 하나님의 선하신 뜻이 (아버지/어머니)를 통하여 이루어지고 온 땅에 전파되기를 원합니다.

4) 하나님께서 (아버지/어머니)에게 평생 동안 일용할 양식을 공급해 주시고 필요한 것들을 채워 주시기를 기도합니다.

〔 부모님을 위한 중보기도 〕

※ 부모님의 기도제목을 놓고 기도하십시오.

(아버지/어머니)를 통해서 우리 가정에 축복이 임하기를 원합니다. 그래서 풍성하게 누리는 것을 이웃들에게 나누어 주며 살게 해 주십시오.

목사님께 순종하며 섬기는 믿음을 주시고, 다른 사람을 사랑하며 겸손히 섬기는 신앙을 주십시오. 가정에 충실하고 믿음의 본을 보이고 가정을 신앙으로 이끌게 해 주십시오.

세상에서 믿음으로 살고 존경과 신뢰를 얻는 (아버지/어머니)가 되게 해 주십시오.

5) 하나님! (아버지/어머니)의 죄를 용서합니다. 나에게 상처를 주고 힘들게 했던 (아버지/어머니)를 용서합니다. (아버지/어머니)를 축복해 주시기를 원합니다. (아버지/어머니)가 하나님을 경외하고 복 받게 해 주십시오.

6) 하나님! 다른 사람의 죄를 용서해 준 것 같이 나의 죄도 용서해 주십시오. 하나님만이 죄를 사하는 권세가 있는 줄 믿습니다.

7) 하나님! (아버지/어머니)가 시험에 들지 않기를 원합니다. 마귀에게 시험당하지 않기를 원합니다. 세상에서 시험당하지 않기를 원합니다. 가난이나 질병, 사고 등으로 시험당하지 않게 해 주십시오.

교회생활에서 시험들지 않게 해 주십시오.

교회에서 하는 일이나 사람들로 인해 시험들지 않게 해 주십시오. 자녀들로 인해 시험이 없게 해 주십시오.

8) 하나님! (아버지/어머니)를 악에서 구원해 주십시오. (아버지/어머니)에게 하나님의 법을 지키지 않는 악이 있습니다. 이 악에서 (아버지/어머니)를 구원해 주십시오. 세상의 여러 가지 악에 물들지 않도록 악은 모양이라도 보지 않게 해 주십시오.

 (아버지/어머니)는 연약하오니 하나님께서 악을 이길 수 있는 힘을 공급해 주십시오.

9) 하나님의 나라와 권세와 영광이 영원히 하나님 아버지께 있사오며

10) 예수님의 이름으로 기도드립니다. 아멘

Prayer Note

🔊 기도 후 체크하세요

1	2	3	4	5	6	7	8	9	10
11	12	13	14	15	16	17	18	19	20
21	22	23	24	25	26	27	28	29	30
31	32	33	34	35	36	37	38	39	40
41	42	43	44	45	46	47	48	49	50
51	52	53	54	55	56	57	58	59	60
61	62	63	64	65	66	67	68	69	70
71	72	73	74	75	76	77	78	79	80
81	82	83	84	85	86	87	88	89	90
91	92	93	94	95	96	97	98	99	100

형제 · 자매를 위한 기도

1) 하나님 아버지의 이름이 (형제 · 자매 이름)를 통하여 거룩히 여김 받으시기를 원합니다. (형제 · 자매 이름)가 하나님의 이름을 거룩히 할 일만 행하게 해 주십시오.

2) 하나님의 나라가 (형제 · 자매 이름)에게 이루어지기를 원합니다. 그래서 (형제 · 자매 이름)에게 의와 평강과 희락이 항상 있게 해 주십시오. (형제 · 자매 이름)가 하나님의 백성답게 하나님 나라의 법을 지키며 살게 하시고, 하나님 나라의 영광을 위하여 일하게 해 주십시오. (형제 · 자매 이름)를 통하여 하나님의 나라가 사람들에게 전파되기를 원합니다.

3) 하나님의 뜻이 하늘에서 이루어진 것 같이 땅에서 (형제 · 자매 이름)에게 이루어지기를 원합니다. (형제 · 자매 이름)를 통하여 하나님의

선하신 뜻이 세상 사람들에게 전파되기를 기도합니다.

4) (형제·자매 이름)에게 평생 동안 일용할 양식을 공급해 주시고, 살아가는 데 필요한 것들을 공급해 주십시오. (형제·자매 이름)의 모든 생활 속에 축복해 주십시오.

〔형제·자매를 위한 중보기도〕
※ 형제·자매의 기도제목을 놓고 기도하십시오.

(형제·자매 이름)에게 건강과 지혜와 총명을 주셔서 다윗처럼 하나님을 경외하는 사람이 되게 해 주십시오. 하나님을 제일 사랑하고 부모님을 사랑하게 해 주십시오.

기도하는 사람이 되어 교회와 세상의 리더가 되고, 하나님의 뜻대로 행하여 하나님을 기쁘게 하는 사람이 되게 해 주십시오.

주고, 섬기고, 대접하고, 사랑할 줄 아는 사

람이 되게 해 주십시오. 또 목사님께 순종하며 섬기는 믿음을 주십시오.

부모님과 형제·자매에게 신실한 사람이 되고, 밖에서 생활할 때도 믿음으로 살고 친구들과 사람들에게 신뢰를 얻는 (형제·자매 이름)가 되게 해 주십시오.

또한 (형제·자매 이름)의 주변 친구들이 모두 구원받기를 원합니다.

5) 하나님! (형제·자매 이름)의 죄를 용서합니다. 나에게 상처를 주고 힘들게 했던 (형제·자매 이름)를 용서합니다. 그리고 (형제·자매 이름)을 축복합니다. (형제·자매 이름)가 하나님을 경외하고 복 받게 해 주십시오.

6) 하나님! 다른 사람의 죄를 용서해 준 것 같이 나의 죄를 용서해 주십시오. 하나님만이 죄를 사하는 권세가 있는 줄 믿습니다.

7) 하나님! (형제·자매 이름)가 시험에 들지

않기를 원합니다. 마귀에게 시험당하지 않게 해 주십시오.

질병이나 사고로 시험이 없게 해 주시고, 교회생활을 하면서 시험들지 않게 해 주십시오. 학교나 학원에서 친구나 선생님으로 인해 시험들지 않게 해 주십시오.

8) 하나님! (형제·자매 이름)를 악에서 구원해 주십시오. (형제·자매 이름)에게 하나님의 법을 지키지 않는 악이 있습니다. 이 악에서 구원해 주십시오.

(형제·자매 이름)가 세상의 악에 물들지 않도록 지켜 주시고 악은 모양이라도 보지 않게 해 주십시오. (형제·자매 이름)는 연약하오니 하나님께서 악을 이길 수 있는 힘을 공급해 주십시오.

9) 하나님의 나라와 권세와 영광이 영원히 하나님 아버지께 있사오며

10) 예수님의 이름으로 기도드립니다. 아멘

Prayer Note

🔊 기도 후 체크하세요

1	2	3	4	5	6	7	8	9	10
11	12	13	14	15	16	17	18	19	20
21	22	23	24	25	26	27	28	29	30
31	32	33	34	35	36	37	38	39	40
41	42	43	44	45	46	47	48	49	50
51	52	53	54	55	56	57	58	59	60
61	62	63	64	65	66	67	68	69	70
71	72	73	74	75	76	77	78	79	80
81	82	83	84	85	86	87	88	89	90
91	92	93	94	95	96	97	98	99	100

5부

중보기도

담임목사님을 위한 기도

1) 하나님 아버지의 이름이 담임목사님과 가정을 통하여 거룩히 여김 받으시기를 원합니다. 담임목사님과 가정이 하나님의 이름을 거룩하게 할 일만 하게 해 주십시오.

2) 하나님의 나라가 담임목사님과 가정에 이루어져 의와 평강과 희락이 항상 있게 해 주십시오. 그리고 담임목사님과 가정이 하나님의 통치를 받으며 하나님 나라의 영광을 위하여 일하게 해 주십시오.

하나님의 나라가 담임목사님과 가정을 통하여 세상 모든 사람들에게 전파되기를 원합니다.

3) 하나님의 뜻이 하늘에서 이루어진 것 같이 땅에서 우리 담임목사님에게 이루어지기를 원합니다. 또한 담임목사님을 통하여 하나님의 선하신 뜻이 온 땅에 전파되기를 원합니다.

4) 하나님께서 담임목사님의 가정에 평생 동안 일용할 양식과 살아가는 데 필요한 것들을 공급해 주시기를 기도합니다.

목사님이 하나님의 일을 하실 때 어려움이 없게 해 주십시오. 모든 것이 풍성하여 이웃에게 나누며 사랑을 베푸는 목사님이 되게 해 주십시오.

5) 하나님! 담임목사님이 다른 사람들의 죄를 용서해 주시기를 원합니다. 담임목사님과 가정에 상처를 주고 힘들게 했던 사람들을 용서해 주시기를 원합니다. 그 사람들이 하나님을 경외하고 복 받기를 원합니다.

6) 하나님! 다른 사람의 죄를 용서해 준 것 같이 담임목사님과 가정의 죄를 사해 주시기를 원합니다. 하나님만이 죄를 사하는 권세가 있는 줄 믿습니다.

7) 하나님! 우리 담임목사님과 가정에 시험이

없게 해 주십시오. 마귀에게 시험당하지 않게 해 주십시오. 세상에 시험당하지 않게 해 주십시오.

가난이나 질병, 사고로 인한 시험이 없게 해 주십시오. 교회에서 시험이 없게 해 주십시오.
8) 하나님! 우리 담임목사님과 가정을 악에서 구원해 주십시오.

우리 담임목사님과 가정이 세상의 악에 물들지 않도록 지켜 주시고 악은 모양이라도 보지 않게 해 주십시오. 하나님께서 악을 이길 수 있는 힘을 공급해 주십시오.
9) 하나님의 나라와 권세와 영광이 영원히 하나님 아버지께 있사오며
10) 예수님의 이름으로 기도드립니다. 아멘

Prayer Note

기도 후 체크하세요

1	2	3	4	5	6	7	8	9	10
11	12	13	14	15	16	17	18	19	20
21	22	23	24	25	26	27	28	29	30
31	32	33	34	35	36	37	38	39	40
41	42	43	44	45	46	47	48	49	50
51	52	53	54	55	56	57	58	59	60
61	62	63	64	65	66	67	68	69	70
71	72	73	74	75	76	77	78	79	80
81	82	83	84	85	86	87	88	89	90
91	92	93	94	95	96	97	98	99	100

1) 하나님 아버지의 이름이 (태신자 이름)를 통해 거룩히 여김 받으시기를 원합니다. (태신자 이름)가 하나님의 이름이 거룩하다는 것을 알게 해 주십시오.

2) 하나님의 나라가 (태신자 이름)에게 이루어지기를 원합니다. 그래서 (태신자 이름)의 심령에 의와 평강과 희락이 있게 해 주십시오.

3) 하나님의 뜻이 하늘에서 이루어진 것 같이 땅에서 (태신자 이름)에게 이루어지기를 원합니다. (태신자 이름)가 구원받고 하나님 백성이 되게 해 주십시오.

4) 하나님께서 (태신자 이름)에게 일용할 양식과 살아가는 데 필요한 것을 공급해 주시기를 원합니다.

(태신자 이름)에게 지금 필요한 것들이 많이

있습니다.

5) 하나님! (태신자 이름)가 다른 사람의 죄를 용서하게 해 주십시오. (태신자 이름)에게 상처를 주고 힘들게 했던 사람들을 용서하게 해 주십시오. 그리고 그 사람들을 축복하는 사람이 되게 해 주십시오.

6) 하나님! 다른 사람의 죄를 용서해 준 것 같이 (태신자 이름)의 죄도 용서해 주십시오. 하나님만이 죄를 사하는 권세가 있는 줄 믿습니다.

7) 하나님 (태신자 이름)가 시험에 들지 않기를 원합니다. 마귀에게 시험당하지 않게 해 주십시오. 세상에서 시험당하지 않게 해 주십시오. 가난이나 질병, 사고로 시험당하지 않게 해 주

십시오. (태신자 이름)의 가정에서 시험들지 않게 해 주십시오.

8) 하나님! (태신자 이름)를 악에서 구원해 주십시오. 마음속에 있는 여러 가지 악에서 구원해 주셔서 선한 마음으로 인도해 주십시오.

9) 하나님의 나라와 권세와 영광이 영원히 하나님 아버지께 있사오며

10) 예수님의 이름으로 기도드립니다. 아멘

Prayer Note

기도 후 체크하세요

1	2	3	4	5	6	7	8	9	10
11	12	13	14	15	16	17	18	19	20
21	22	23	24	25	26	27	28	29	30
31	32	33	34	35	36	37	38	39	40
41	42	43	44	45	46	47	48	49	50
51	52	53	54	55	56	57	58	59	60
61	62	63	64	65	66	67	68	69	70
71	72	73	74	75	76	77	78	79	80
81	82	83	84	85	86	87	88	89	90
91	92	93	94	95	96	97	98	99	100

친구를 위한 기도

1) 하나님 아버지의 이름이 (친구 이름)를 통하여 거룩히 여김 받으시기를 원합니다.

2) 하나님 나라가 (친구 이름)의 심령 속에 임하여 하나님이 통치하시고 항상 의와 평강과 기쁨이 있기를 원합니다.

3) (친구 이름)에게 하나님의 뜻이 이루어져 구원받고 순종하는 일이 있게 해 주십시오.

4) (친구 이름)가 하나님을 사랑하고 찬양하며 잘 섬기게 해 주시고, 교회생활에서도 모범이 되고 모든 일에 성실하여 인정받으며 살게 해 주십시오. 또 건강도 주시고 명랑하고 행복하게 살게 해 주십시오.

 (친구 이름) 여러 가지 어려운 일들을 만났을 때 잘 이겨내도록 은혜를 베풀어 주십시오.

5) (친구 이름)가 다른 사람을 용서할 줄 아는

사람이 되게 해 주시고

6) (친구 이름)가 하나님께 죄를 고백하며 용서를 빌 때 용서해 주시기를 바랍니다.

7) 마귀가 (친구 이름)를 어려움과 고통으로 시험하지 못하도록 지켜 주시고, 교회나 가정, 학교에서 여러 가지 일로 시험 들지 않도록 지켜 주십시오.

8) (친구 이름)를 악에서 구해 주시고 세상의 악에 물들지 않도록 지켜 주십시오.

9) 나라와 권세와 영광이 하나님께 영원히 있습니다.

10) 예수님의 이름으로 기도드립니다. 아멘

Prayer Note

기도 후 체크하세요

1	2	3	4	5	6	7	8	9	10
11	12	13	14	15	16	17	18	19	20
21	22	23	24	25	26	27	28	29	30
31	32	33	34	35	36	37	38	39	40
41	42	43	44	45	46	47	48	49	50
51	52	53	54	55	56	57	58	59	60
61	62	63	64	65	66	67	68	69	70
71	72	73	74	75	76	77	78	79	80
81	82	83	84	85	86	87	88	89	90
91	92	93	94	95	96	97	98	99	100

다른 사람을 위한 기도

1) 하나님 아버지의 이름이 ○○○를 통해 거룩히 여김 받으시기를 원합니다. ○○○가 하나님의 이름을 거룩히 여기는 일을 찾아서 하는 사람이 되게 해 주십시오.

2) 하나님의 나라가 ○○○에게 이루어지기를 원합니다. 그래서 ○○○의 심령에 의와 평강과 희락이 항상 있게 해 주십시오.

○○○가 하나님의 통치를 받으며 하나님 나라의 법을 지키며 살게 해 주시고, 하나님 나라의 영광을 위하여 일하게 해 주십시오. 그리고 ○○○를 통하여 하나님 나라가 세상 모든 사람들에게 전파되기를 원합니다.

3) 하나님의 뜻이 하늘에서 이루어진 것 같이 땅에서 ○○○에게 이루어지기를 원합니다. ○○○가 하나님의 뜻을 깨닫고 이루어 드리는

사람이 되게 해 주십시오.

4) 하나님께서 ○○○에게 일용할 양식과 살아가는 데 필요한 것들을 공급해 주시기를 원합니다.

○○○를 축복해 주시고 큰 믿음과 건강을 주시며, 항상 하나님을 기쁘게 하는 사람이 되게 해 주십시오.

〔○○○를 위한 중보기도〕

※ ○○○의 기도제목을 놓고 기도하십시오.

○○○에게 풍성한 물질을 주셔서 하나님을 위하여 언제나 풍성하게 드리게 해 주시고, 모범적으로 충성하고 헌신하는 사람이 되게 해 주십시오.

다른 사람을 사랑하며 겸손히 섬기는 마음을 주십시오. 자기 일에 충실하고 믿음의 사람이 되어 다른 사람들에게 좋은 본이 되게 해 주십시오.

　세상에서 믿음으로 살고 존경과 신뢰를 얻는 사람이 되게 해 주십시오. 지혜와 명철을 주시고, 사랑과 온유와 오래 참음의 은사들을 공급해 주십시오.

5) 하나님! 다른 사람의 죄를 용서합니다. 나에게 상처를 주고 힘들게 했던 ○○○을 용서합니다. 그리고 ○○○를 축복합니다. ○○○가 하나님을 경외하고 복 받게 해 주십시오.

6) 하나님! 다른 사람의 죄를 용서해 준 것 같이 나의 죄를 사해 주십시오. 하나님만이 죄를 사하는 권세가 있는 줄 믿습니다.

7) 하나님 ○○○가 시험에 들지 않게 해 주십시오. 마귀에게 시험당하지 않게 해 주십시오. 세상의 물질이나 명예로 시험당하지 않게 해 주십시오. 사람들로 인해 시험들지 않게 해 주십시오. 가정에서 시험들지 않게 해 주십시오.

8) 하나님! ○○○를 악에서 구원해 주십시오. ○○○의 마음속에는 악이 가득합니다. 세상의 여러 가지 악에서 구원받게 해 주십시오. 악을 주는 사단의 세력을 쫓아주시고 악에서 구원하여 선한 마음으로 인도해 주십시오. ○○○가 세상의 악에 물들지 않도록 악을 물리치고 이길 수 있는 힘을 공급해 주십시오.

9) 하나님의 나라와 권세와 영광이 하나님 아버지께 있사오며

10) 예수님의 이름으로 기도드립니다. 아멘

Prayer Note

🔊 기도 후 체크하세요

1	2	3	4	5	6	7	8	9	10
11	12	13	14	15	16	17	18	19	20
21	22	23	24	25	26	27	28	29	30
31	32	33	34	35	36	37	38	39	40
41	42	43	44	45	46	47	48	49	50
51	52	53	54	55	56	57	58	59	60
61	62	63	64	65	66	67	68	69	70
71	72	73	74	75	76	77	78	79	80
81	82	83	84	85	86	87	88	89	90
91	92	93	94	95	96	97	98	99	100

Memo